ピンポイント憲法

デイリー法学選書編修委員会 [編]

DAILY 法学選書

三省堂

はじめに

　憲法は、個人の自由や権利を保障し、国家権力を制限する法律です。特に最高法規として、他の法律よりも強い効力が認められており、憲法が定める価値を理解することは、法律学習の第一歩ともいえます。条文数こそ多くはありませんが、抽象的な言葉が用いられており、具体的なイメージをもつことが難しいという特徴があります。

　憲法は、人権と統治機構という2つの分野に分けて勉強する人が多いと思います。人権は、特に重要な基本的人権であれば、多数の判例や学説があり、初めて憲法を学習する人にとって着手しにくい原因になっています。抽象的な概念が、具体的な事例の中でどのように活用されているのかを知ることで、少しずつ理解を深めていくことが重要です。統治機構では、三権分立という概念を中心に、それぞれの機関の役割と関係性を押さえ、正確に理解する必要があります。

　本書は、初めて法律を学習する人を対象に、読みやすく、無理なく憲法全体の重要な知識が習得できるように構成された入門書です。特に法制度の「幹」になる部分の解説に重点を置いています。判例・学説の対立については、細かい議論に立ち入るよりも、その背景にある問題の所在を明らかにして、考える筋道を提示するように心がけています。

　本書を通読していただいた上で、今後、より詳細な体系書などの学習へと進んだ場合に、混乱することなく、スムーズに内容を理解できるように、土台になる基本事項を丁寧に解説しています。本書を日常学習のお役に立てていただき、次のステップへの架け橋としてご活用いただければ幸いです。

デイリー法学選書編修委員会

Contents

はじめに

第1章 憲法総論

1 憲法の意味	8
2 憲法の対象	10
3 憲法規範の特質	12
4 基本原理	14
5 個人の尊厳	16
6 法の支配と法治主義	18
7 立憲主義	22
8 前文の効力	24
9 平和主義	26
10 天皇制	30
Column　天皇の生前退位と憲法上の問題点	32

第2章 人　権

1 人権の概念	34
2 人権の分類	36
3 人権の主体と基本的人権の制限	38
4 外国人の人権	40
5 公共の福祉	44
6 二重の基準	46
7 特別な法律関係	50
8 私人間効力	52
9 包括的基本権	54
10 プライバシーの権利	56
11 法の下の平等	60

12 内心の自由	64
13 信教の自由	66
14 表現の自由	70
15 検　閲	74
16 集会の自由	76
17 通信の秘密	78
18 学問の自由	80
19 職業選択の自由・居住移転の自由	82
20 財産権	86
21 人身の自由	90
22 刑事手続の保障	92
23 生存権	96
24 教育を受ける権利	100
25 労働基本権	102
26 人権を確保するための基本権	106
Column　忘れられる権利	110

第3章　統治機構

1 統治機構と国民主権、権力分立	112
2 政　党	116
3 参政権	118
4 選挙に関する問題点	122
5 国会の地位	126
6 二院制	130
7 議員の権利、特権	132
8 国会の会期	134
9 国会の権能と法律ができるまで	136

10 議院の権能 140

11 行政権と内閣 144

12 議院内閣制 148

13 衆議院の解散 150

14 司法権 152

15 裁判所 154

16 司法権の限界 156

17 司法権の独立と裁判官 160

18 違憲審査制 162

19 違憲判断 166

20 財政民主主義 168

21 地方自治 172

22 憲法保障 176

23 憲法改正 178

Column　道州制と憲法上の問題点 182

第4章　憲法の歴史

1 憲法の歴史 184

2 大日本帝国憲法 188

3 憲法はどのように制定されたのか 190

第1章

憲法総論

1 憲法の意味

憲法とは

　日本には日本国憲法という名の法典があります。日本国憲法のように文書の形で制定された憲法のことを成文憲法といいます。世界の多くの国には成文憲法が存在しています。しかし、イギリスのように成文憲法がない国もあります。このような国には憲法がないのでしょうか。

　そんなことはありません。イギリスには文書の形になっていない不文憲法があります。また、ドイツには、憲法という名で呼ばれている法典はありませんが、ドイツ連邦共和国基本法がドイツの憲法にあたります。

　憲法は、国家の統治のあり方について定めた、その国家の基本となる法である、といわれています（国家の基本法）。憲法は文書の形であるか否か、憲法と名がついているか否かにかかわらず、どのような国家にも存在しています。

憲法は国家をどうとらえているのか

　なぜ、どの国家にも憲法が存在しているのでしょうか。国家とは、一定の「領土」を基礎に、そこに住む「国民」に強制力をもつ「統治権」（主権）の下で組織された社会をいいます（領土・国民・統治権を「国家の三要素」と呼びます）。

　もっとも、国家は目に見えて存在しているわけではありません。たとえば、犯罪者を逮捕する行為は強制力をもつ統治権の行使であり、国家の行為ですが、実際には警察官という人間が行っています。なぜ人間の行為を、ある時は国家の行為、ある

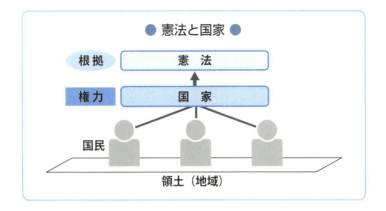

時は国家の行為でないと区別できるのでしょうか。それは、国家の行為は憲法が根拠となっているからです。つまり、憲法は国家のルールのようなものです。そのため、どのような国家にも憲法は存在しているのです。

憲法は何のためにあるのか

国家のルールを定めたのが憲法だとすると、どのような内容をもっているのかが重要です。国家は強制的に身柄拘束や財産没収だけでなく、国民の生命を奪うこともできるからです。

そこで、近代の憲法の多くは、国家は個人の権利・自由を保障しなければならず、強力な権力をもつ国家から個人の権利・自由を保障するため、国家の行動を厳格に制約しなければならない、という立憲主義（特に近代立憲主義）の考え方に基づき制定されています。これを立憲的意味の憲法といいます。

たとえば、フランス人権宣言 16 条に、「権利の保障が確保されず、権力分立が定められていない国家は、すべて憲法を有しない」とあるのは、立憲的意味の憲法のことを示しています。

2 憲法の対象

憲法は国と国民の間を規律するもの

たとえば「何人も公園において集会をすることを禁ずる」というルールを公園の近所の住人が定めたとしましょう。中にはこのルールに従わない人もいるかもしれません。

しかし、このルールを国会が法律として定めていたらどうなるでしょうか。その場合、国民はこのルールに従わなければならなくなります。また、「公園において集会を行った場合、6か月以下の懲役（刑務所で作業を行わせる刑罰）に処する」との定めがあれば、刑罰をもって集会の禁止を強制できます。

では、なぜ国会は法律によって国民の行動を制約することができるのでしょうか。それは、憲法が国会を唯一の立法機関と定めており（憲法41条）、国会はこの憲法の規定に基づき法律を制定しているからです。このように、憲法は国家ができる行為を定めることで、国家と国民の間を規律しています。

なぜ憲法は人権保障に厚いのか

前の項目では、憲法は国家のルールのようなものであると説明しました。これは、国家があるところには、必ず憲法があることを意味します。たとえば、野球というスポーツが存在するには、野球のルールが必要であるのと同様に、国家が存在するためには、憲法というルールが必要なのです。たとえ独裁者が国民を支配するような国家であっても、憲法は存在します。

近代憲法は、君主の権力を制限し、国民の自由や権利を守ることを出発点として確立したもので、個人の尊厳（個人として

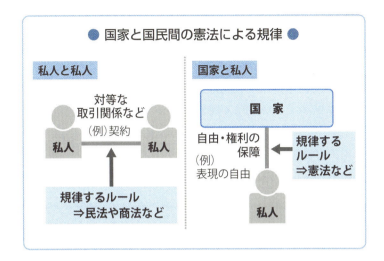

尊重すること）を最も根本的な価値としています。つまり、近代憲法の確立は、個人の尊厳の保障を目的としたルールの確立でした。そのため、憲法は人権保障に厚くなっています。

憲法問題はどんなときに発生するのか

前述した公園における集会を禁止する法律は憲法に違反しないのでしょうか。集会の自由は憲法21条1項により保障されています。公園のような公共の場所を集会で使用することを刑罰をもって禁止するのは、その必要性がない限り、憲法21条1項に違反していると考えることができます。そうすると、公園における集会を禁止する法律は憲法問題となります。

このように、国家など憲法を遵守すべき者が憲法の規定や趣旨に反する行為をしていると見られる場合に、憲法問題（憲法に違反しているかどうかの問題）が発生します。

3 憲法規範の特質

憲法は最高法規である

憲法98条1項は、「この憲法は、国の最高法規」と規定しています。ここで最高法規というのは、憲法を頂点として、その下に法律があり、その下に命令（行政機関が制定する法のこと）があるという段階構造をもっていることを意味します。

このような段階構造をもつには、憲法は硬性憲法でなければなりません。硬性憲法とは、法律の改正手続よりも厳しい手続によらなければ、憲法を改正できないことを意味します。

仮に、憲法が硬性憲法でなければ、法律と同じか簡単な手続で憲法を改正できるので、わざわざ法律を改正しなくても、憲法を改正して目的を達することになるでしょう。それでは「憲法→法律」という段階構造をもつとはいえなくなります。そのため、憲法が最高法規であるためには、硬性憲法でなければならないのです。

憲法の構造

憲法は、一般に「憲法総論、基本的人権、統治機構」の3つに分類されます。憲法総論では、近代憲法、日本憲法史、国民主権、平和主義、天皇制といった憲法の歴史や根本原理などが扱われています。続けて、基本的人権と統治機構では、それぞれ人権と統治機構の具体的な内容が扱われています。

憲法の目次を見ると「第1章天皇」から「第11章補則」まであることがわかります。このうち、第1章と第2章は憲法総論、第3章は基本的人権、第4章以降は統治機構で扱われます。

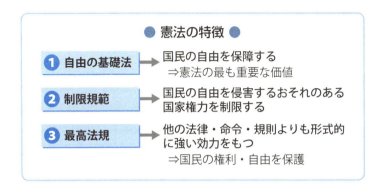

憲法のもつ特徴

憲法には、統治機関が権力を行使する際によるべき基本的な価値が規定されています。立憲的意味の憲法（立憲主義を採用する憲法）においては、個人の尊厳が基本的な価値として規定されており、「自由の基礎法」ともいわれています。これは、憲法が最高法規であることの実質的な根拠となっています。つまり、憲法の内容は、個人の権利・自由を国家の侵害から保障するという規範（行動や判断の基準）を中核とするからこそ、通常の法律とは異なる効力が認められているということです。

また、憲法は制限規範であるともいわれます。憲法が個人の尊厳を基本的な価値として、統治機関の権力行使をこの価値に反しないよう制限していることから、憲法は制限規範であると解されています。

さらに、憲法が最高法規であることを支えるため、憲法には違憲審査制が整備されています。硬性憲法であっても、違憲審査制がなければ、憲法に反する法律などができた場合に、どうすることもできなくなります。そのため、違憲審査制は憲法の最高法規性を支える上で重要な特徴だといえます。

4 基本原理

憲法の三大原理とは

憲法の三大原理とは「基本的人権の尊重」「国民主権」「平和主義」の３つの基本原理をいいます。三大原理は憲法の基礎となっており、憲法がめざすべき重要な指針を示しています。三大原理については、憲法前文において明確に宣言されています。

では、憲法前文を見てみましょう。前文１項前段は「日本国民は…自由のもたらす恵沢を確保する」と規定しています。これは基本的人権の尊重を宣言したものだといえます。

次に、国民主権については、前文１項前段が「ここに主権が国民に存することを宣言し」と規定しています。また、「国政は、国民の厳粛な信託によるものであって、その権威は国民に由来し、その権力は、国民の代表がこれを行使し、その福利は国民がこれを享受する」とも規定しています。これは、国民主権と国民主権に基づく代表民主制を定めているといえます。

そして、平和主義については、前文１項前段で「政府の行為のよって再び戦争の惨禍が起こることのないやうにすることを決意し」と宣言しています。また、前文２項が「日本国民は、恒久の平和を念願し」と規定し、平和主義への希求を宣言しています。さらに、「平和のうちに生存する権利を有すること」と規定し、平和的生存権（戦争の危険にさらされることなく平和のうちに生きる権利）をもっていることを定めています。

どのような内容なのか

基本的人権は、人が人であることから当然にもつ権利のこと

第 1 章 憲法総論

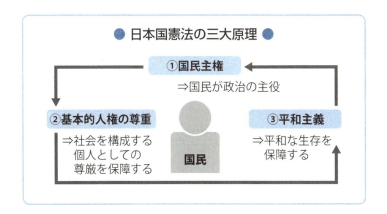

です。たとえば、自らの考えを他人に伝達する表現行為は、表現の自由として憲法 21 条 1 項により保障されています。

　国民主権は、国家の統治のあり方について、国民が最終的に決定する権利（主権）があるとする原理をいいます。

　平和主義は、戦争（侵略戦争）を行わないことと、国が戦争のための武装をしないことを意味し、具体的には憲法 9 条で規定しています。憲法改正の議論において話題になる条文です。

　これらの基本原理は、個人の尊厳を確保するため、相互に関連しています。つまり、国民が統治のあり方について決定できない国家においては、基本的人権が十分に保障されているとはいえません。また、基本的人権が尊重されていない国家においては、国民主権も十分に保障されているとはいえません。

　さらに、平和主義が保障されていない国家では、常に国民の生命が危機にさらされており、このような状況下では基本的人権も尊重されているとはいえません。このように、基本原理が相互に関連していると考えられているのです。

5 個人の尊厳

個人の尊厳とは

　個人の尊厳とは、人間は、理性をもつ、かけがえのない尊い存在であるという考え方のことをいいます。日本国憲法はこのような価値観を基礎として成り立っています。

　もっとも、個人の尊厳という価値観が普遍的なものとなったのは市民革命以降でした。近世のヨーロッパは絶対王政と呼ばれる中央集権的な国家体制をとっており、統治権力が国王（君主）に集中して、意のままに国民を抑圧していました。

　このような社会を打破すべく、多くの市民が蜂起して市民革命が起こりました。市民革命では個人の尊厳という価値観が重要な原動力となり、市民革命以降は普遍的な価値観として、近代立憲主義に基づく憲法の基礎となりました。

基本原理も個人の尊厳から導かれる

　基本的人権は「人が人であることから当然にもつ権利」をいいますが、基本的人権を尊重することは、各人が自律的な生をまっとうできるようにしているものといえます。これは個人の尊厳を基本原則としているからこそ導かれるものです。

　個人の尊厳を重視するということは、その社会における政治権力は個人のために存在すべきものと位置づけられます。つまり、すべての国民が平等な存在として、国家の統治のあり方を決定する力を持っていなければなりません。個人の尊厳を重視することは、国民主権の原理を導くことにもなります。

　そして、平和主義も個人の尊厳から導かれます。自らの所属

16

第1章 憲法総論

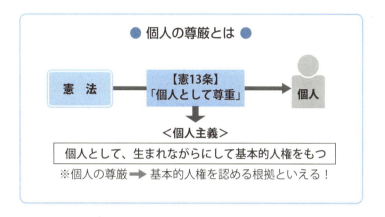

する国家が戦争状態にある場合、自国や他国のため、個人の生命が犠牲になります。このような状態で個人が尊重されているということはできません。

以上のように、憲法の基本原理（三大原理）も、個人の尊厳から導かれているといえます。

どんな価値観なのか

個人の尊厳とはどのような価値観なのでしょうか。人は「弁護士になりたい」「ウソをつかない」など、自分自身そのあり方を決定する自由意思をもっています。そして、司法試験を受けたり、正直に話をする人になったり、自分の欲するままに自分自身を形成していくことができます。

このような理性に基づく、一人の自律の能力をもった人格として尊重することが、個人の尊厳という価値観だといえます。

また、自らの尊厳を守るためには、他人の尊厳を守ることが重要であり、個人の尊厳は、他者の尊厳を守ることも内容としています。

6 法の支配と法治主義

法の支配とは

法の支配とは、権力を法（憲法）で支配することにより、国民の権利・自由を保障する原理をいいます。法の支配は絶対主義体制下のイギリスにおいて確立し、英米法（イギリスやアメリカなどの法体系）の原理として発展してきました。ブラクトン（イギリスの法学者）の「王も神と法の下に立つ」という言葉は、法の支配を表したものといわれています。

なぜこのような考え方をするのか

国家は、法律により国民を規律しますが、絶対主義体制の国家においては、国王（君主）が好きなように法律を制定することができます。たとえば、国王がある宗教（A教）を信仰しており、国民にも同様にA教を信仰させたいと考えた場合、国王は「国民は、A教以外の宗教を信仰することを禁ずる」という法律を制定することができるのです。

この場合、たとえ国民にA教以外の宗教を信仰している者がいても、上記の法律が制定されてしまうと、A教を信仰しなければならなくなります。このような国王の恣意による支配のことを「人の支配」といいます。

人の支配を排斥するため、法の支配が発展しました。つまり、国王など統治権力者を憲法で拘束することにより、統治権力者が好き勝手な法律を制定することをやめさせて、国民の権利・自由を保障することが法の支配の目的だといえます。

第1章　憲法総論

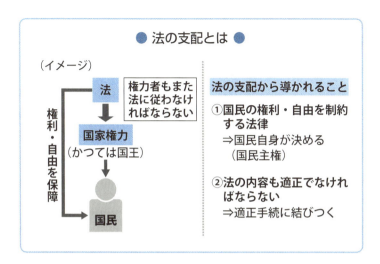

法の支配の具体的内容

　憲法が他の法律と同等であるか、法律より弱い効力しかもたないのであれば、法律を制定する統治権力者を憲法によって支配できなくなります。そこで、統治権力者を憲法で支配するには、憲法が最高法規であることが求められます。

　法の支配の目的は、国民の権利・自由を保障することにあります。そのため、権力によって侵すことができない人権が保障されていることが、法の支配の内容として求められます。たとえば、人がどのような宗教を信仰するかは、その人自身が決めることであり、信仰の自由は権力によって侵すことができない重要な人権といえます。そのため、上記のA教を強制的に信仰させる法律は、法の支配の下では許されないことになります。

　法の支配の下では、法律の内容は適正でなければならず、法律を制定する手続も適正でなければなりません。これを適正手続（due process of law）といいます。この適正手続も法の支

配の内容となります。

先ほどのＡ教を強制的に信仰させる法律について、信教の自由（憲法20条）に反することがわかりました。しかし、法律が違憲であっても、いったん成立したものである以上、自動的に効力を失うことはありません。法律は改正されない限り、有効に存在し続けます。そのため、違憲審査制により裁判所が違憲の法律を無効とする必要があります。つまり、権力の恣意に対する裁判所のコントロールを尊重することは、法の支配の内容となります。

以上の「最高法規」「人権保障」「適正手続」「違憲審査制」の４つは、法の支配の内容として重要なものといわれています。

日本国憲法にも法の支配に基づく規定がある

法の支配の内容について、日本国憲法にはどのように規定されているでしょうか。

まず、憲法の最高法規性は、憲法98条に、「この憲法は、国の最高法規」と規定されています。

次に、権力によって侵すことができない人権の保障は、憲法97条に規定されています。

そして、適正手続は憲法31条により保障されています。

また、違憲審査制は憲法81条により保障されています。他には、憲法78条により裁判官の身分が保障されており、これらの規定が相まって裁判所の役割を尊重するものとなっています。

法治主義とは

法治主義は、法に基づく統治（特に法を執行する「行政」の統治）がなされること、つまり法律による行政の原理のことを

いいます。法治主義を実現した国家を法治国家といいます。

　法治主義の内容として、①法律優位の原則、②法律の法規創造力、③法律の留保があります。①は、行政は法律に反してはならず、法律を改廃するのは法律でなければならないことを意味します。②は、法規は行政でなく、法律によって定立されなければならないことを意味します。法規とは、国民の権利を制限し、義務を課す法規範のことを指します。③は、法律の根拠がなければ、行政が活動できないことを意味します。

どこが似ていてどう違う？

　法治主義は、19世紀のドイツで発展した原理だといわれています。当時のドイツは絶対主義体制であり、その中で自由主義思想を背景に法治主義が発展してきました。法の支配が発展したイギリスの社会背景と似たものがあります。

　法治主義は法律による行政を要求するもので、権力を法により制限しようとする点で、法の支配と同じものだといえます。

　しかし、法治主義は、法の内容に適正さを求めるものではありませんでした。つまり、不当に国民の権利を制限する法律であっても、行政は法律に従っていれば、法治主義の理念をかなえるものとなっていました。先ほどのA教を強制するのも、法律として制定され、法律に行政が従っていれば、法治主義の理念をかなえるものでした。

　現在では、法治主義においても、法の内容の適正さが要求されるようになっています。そして、ドイツなど法治主義の国家において、違憲審査制が採用されて、不当な内容の法律が排除されるようになったため、法治主義と法の支配との実質的な違いはあまりなくなっているといえます。

7 立憲主義

立憲主義とは

　中世ヨーロッパにおける封建社会の崩壊につれて、絶対主義社会（絶対王政）が確立してきたとき、権力を統治権力者（国王）に集めて、個人を一元的に支配する中央集権的国家が誕生しました。その後、統治権力者の絶対的な支配を排除して個人の権利・自由を保障するため、国家の行動を厳格に制約する思想を確立させました。これを立憲主義（特に近代立憲主義）といいます。

　近代立憲主義は、個人の尊厳を最も重要な価値ととらえ、個人の尊厳を守るため、国家の行動を制限するものです。このような思想は近世ヨーロッパで確立しました。16世紀に宗教改革が起こり、その後、宗教や価値観の違いを理由とする深刻な戦争が何度も勃発しました。その中で、個人はかけがえのない尊い存在であり、どのような価値観を有していても尊重されなければならないという思想が広まっていきました。

　また、この頃のヨーロッパは大航海時代を迎えました。そこでは未知の物資だけでなく未知の価値観もヨーロッパに流入しました。そのため、様々な価値観が共存できる社会の構築が必要となりました。近代立憲主義が個人の尊厳を重要な価値ととらえ、価値観の違いにかかわらず、共存できる社会を保障することを内容とするのは、以上の歴史的背景があるからです。

日本国憲法と立憲主義

　日本国憲法も近代立憲主義の思想の下に成立したものだとい

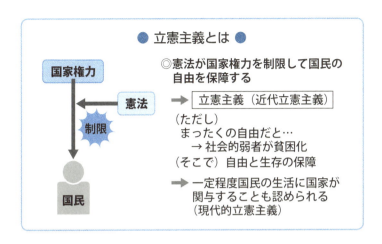

えます。それは、法の下の平等（14条）、思想良心の自由（19条）、信教の自由（20条）、違憲審査制（81条）などの規定に表れています。

また、立憲主義は近代から現代へと発展してきています。近代立憲主義においては、国民は自由・平等で、自らの意思に基づき経済活動を行い、国家は国民の活動に干渉してはならないと考えられていました。

しかし、資本主義が進むにつれて、貧富の差が大きくなってきました。資産のある者は経済活動によって、自らの資産をさらに増やすことができますが、資産のない経済的弱者は、どんな劣悪な環境でも文句を言わず働かざるを得ませんでした。経済的弱者にとって、自由とは「空腹・貧乏の自由」でしかなくなりました。そこで、実質的な自由・平等を保障するため、国家が積極的に国民の活動に干渉する必要が生じました。これを現代的立憲主義と呼ぶことがあります。現在、日本国憲法は現代的立憲主義を実践しています。

8 前文の効力

前文とは

前文とは、法令の条項の前に置かれ、目的や基本原則を述べる文章のことをいいます。憲法だけでなく、法律にも前文を置くことがあります。たとえば、教育基本法には前文が置かれています。一方、憲法には前文を置くことが多いようで、世界の憲法典を見ると多くの国の憲法に前文が置かれています。

日本国憲法も前文を置いています。日本国憲法の前文は、憲法における重要な原理や価値を規定しており、重要な意義をもっているといえます。

日本国憲法の前文は1項から4項まであります。まず、前文1項前段では、国民主権、基本的人権、平和主義の基本原理について明記し、この憲法は国民が制定したことを表明しています。次に、前文1項後段では、国民主権に基づく代表民主制の原理を示し、これらの原理が憲法改正によっても否定できないことを規定しています。また、前文2項では、平和主義への希求や平和的生存権について定めています。そして、前文3項では、国際協調主義に立つこと、前文4項は「この崇高な理想と目的を達成すること」を誓っています。

前文の法的性質

前文の法的性質（どのような効力をもっているかの問題）について、本文と同様に、憲法96条の改正手続によらなければ、前文の改正ができないという効力をもっています。

さらに、裁判所がある行為の合憲・違憲を判断するのに、前

第1章 憲法総論

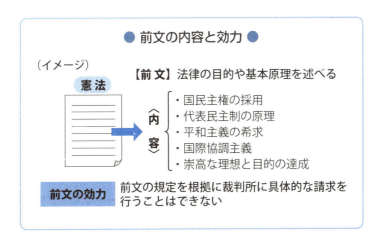

文がその根拠となるのかが問題になります。前文1項後段で「人間普遍の原理」に「反する一切の憲法、法令及び詔勅を排除する」と規定していることから、裁判所がある行為の合憲・違憲を裁判するための判断基準として、前文を参考にすることはできると解されています。

では、前文を唯一かつ直接の根拠として、ある行為の合憲・違憲を裁判することができるのでしょうか。

学説には、肯定説と否定説がありますが、最高裁判所(本書では以下「最高裁」とします)は、前文を唯一かつ直接の根拠として裁判をすることに消極的であるといわれています。たとえば、行政機関の処分により、前文2項の平和的生存権が制約されたと主張する者が、その処分の取消しを求める訴えを提起した事件があります。最高裁は、平和的生存権は抽象的で権利として具体化されていないため、平和的生存権は処分を取り消す根拠とならないと判断しました。

9 平和主義

平和主義とは

　平和主義とは、戦争を行わないことと、国が戦争のための武装をしないことをいいます。日本国憲法は第二次大戦による凄惨な体験から、平和主義を憲法の基本原理として定めました。

　平和主義の採用においては、占領軍最高司令官のダグラス・マッカーサーによる影響が大きかったといわれています。しかし、現在では、日本において重要な価値として国民に受け入れられています。

憲法はどのように規定しているのか

　憲法は、前文と9条において平和主義を規定しています。前文2項では「平和を愛する諸国民の公正と信義に信頼して、われらの安全と生存を保持しようと決意した」と規定しています。これは、他力本願による平和の実現を表明したのではなく、国際的に中立の立場から、平和構想を示したり、紛争の緩和を提言したりと、積極的に平和を実現することの表明です。

　そして、この前文の趣旨に従い、9条1項において戦争などを永久に放棄すること、9条2項において戦力を持たないことおよび交戦権を認めないことを明記しました。

9条の意味

　まず、9条1項は戦争などの放棄について、「国際紛争を解決する手段として」と規定しています。この規定が、①侵略目的の戦争（侵略戦争）のみを指すとの見解、②自衛戦争を含む

第1章 憲法総論

● 憲法と平和主義 ●

◎憲法における平和主義の位置づけ

前文 「国際平和を愛する諸国民の公正と信義に信頼して安全と生存の保持」に対する決意

平和主義

具体化

①**戦争の放棄**
⇒国権の発動としての戦争の放棄

9条 ②**戦力の不保持**
⇒陸・海・空軍その他の戦力の不保持
★自衛隊…戦力ではなく実力（政府解釈）

③**交戦権の否認**

あらゆる戦争を指すとの見解があります。

　次に、2項前段で「前項の目的」はどのような目的を指すか問題となります。この点については、③1項の「正義と秩序を基調とする国際平和を誠実に希求」の部分を指すとする見解、④侵略目的の戦争の放棄を指すとする見解があります。また、2項前段は「戦力」の意味も問題となりますが、通説は、軍隊あるいはそれに相当する実力部隊のことと解しています。

　その上で、1項と2項前段の関係については、次の3つの説に分かれます。1つ目は、1項を「あらゆる戦争を放棄した」と解釈（②）した場合、2項の「目的」は「国際平和を誠実に希求」を指すとの見解（③）になります。そのため、あらゆる戦力の保持を禁止すると解することになります。

　2つ目は、1項を「侵略目的の戦争のみ」と解釈（①）するが、2項前段の「前項の目的」は「国際平和を誠実に希求」を指す（③）ため、結論は1つ目と同様に、あらゆる戦力の保持を禁止

27

すると解する見解です。これが学説における通説といえます。

3つ目は、1項を「侵略目的の戦争のみ」と解釈し（①）、2項前段の「前項の目的」は「侵略目的の戦争の放棄」を指すとし（④）、自衛のための戦力の保持は許されるとする見解です。

最後に、2項後段で否認されている「交戦権」はどのような意味かが問題となります。これについて、戦争をする権利そのものを意味するとする見解、交戦国に認められる国際法上の権利を意味するとする見解があります。

安保法制と自衛隊

憲法9条について従来から議論されている問題として、自衛隊の合憲性があります。通説は、自衛隊は戦力にあたり、9条2項はあらゆる戦力の保持を禁止するため、自衛隊は憲法9条に反し違憲であると解します。しかし、政府見解は異なります。政府見解は、「戦力」を「近代戦争を有効適切に遂行しうる装備、編成を備えるもの」と解し、あらゆる戦力保持を禁止するのですが、自衛のための必要最小限度の実力は「戦力」にあたらないと解して、戦力をもたない自衛隊を合憲としています。

また、日米安全保障条約に基づき日本に駐留する在日米軍が9条2項の「戦力」にあたらないかが問題となります。この点について、政府の条約締結という日本国の意思に基づき駐留しているため「戦力」であるとする説、9条2項の「戦力」は日本国が指揮・監督できるものに限られるため「戦力」にあたらないとする説（後述する砂川事件を参照）があります。

近年では、安全保障関連法（安保法制）が制定され、限定的ながらも集団的自衛権の行使を認めることになりました。集団的自衛権とは、自国と密接な関係にある他国に対する武力攻撃

について、それを自国への攻撃とみなして共同して防衛にあたる権利のことです。従来、集団的自衛権は必要最小限度の実力行使を超えるので、憲法により禁じられるとするのが政府見解でした。しかし、この政府解釈を変更することにより、変更後の政府解釈に基づき、安保法制では一定の要件の下で集団的自衛権を容認することにしました。集団的自衛権に関しては、憲法9条違反の他、実質的な改憲（憲法改正手続を経ずに集団的自衛権を認めたこと）などが問題になります。

9条をめぐる判例

自衛隊の合憲性を争う判例として、長沼ナイキ基地事件があります。最高裁は自衛隊の合憲性に言及していませんが、第1審は自衛隊が9条2項の「戦力」にあたると判断しました。しかし、第2審は自衛隊が一見極めて明白に「戦力」にあたるとはいえないと判断しています。

また、砂川事件の最高裁は、日米安全保障条約が高度な政治性をもつため、一見極めて明白に違憲無効であると認められない限りは、司法審査の範囲外にあるとした他、駐留する在日米軍について9条2項の「戦力」にあたらないとしました。

改正をめぐる議論

自民党が公表している「憲法改正草案」は、9条1項の「永久にこれを放棄する」を「用いない」、9条2項に自衛権を明記すること、9条の2で国防軍についての規定を創設することが検討されています。しかし、侵略戦争を認めるように解釈できるなど、9条の趣旨そのものを変化させてしまうおそれがあると、反対する意見もあります。

10 天皇制

国民主権と天皇制

大日本帝国憲法において、天皇は、統治権の総覧者であり、その地位は神聖不可侵のものと扱われてきました。これら地位の根拠は神の意志に基づくものであると考えられていました。

これに対し、日本国憲法は、天皇制を維持した上で、国民主権を採用しました。そのため、天皇は「国政に関する権能を有しない」と明記され（4条）、その地位は「主権の存する日本国民の総意に基づく」（1条）ものと規定されました。また、昭和天皇の「人間宣言」により天皇の神格性が否定されました。

象徴天皇制とは

憲法1条は、天皇が国民の総意に基づく象徴であることを規定しています。天皇が象徴であるというのは、天皇を見て日本国民が日本をイメージできるということです。

憲法1条の規定の法的意味は、人日本帝国憲法の下では統治権の総覧者であった天皇が、日本国憲法の下では、象徴以外に何ら政治的権能をもたないとした点にあるといわれています。

天皇の権能

憲法4条は「天皇は、この憲法の定める国事に関する行為のみを行ひ、国政に関する権能を有しない」と定めています。そのため、天皇の「国事に関する行為」（国事行為）は、形式的・儀礼的行為であると解されています。そして、天皇の国事行為は、内閣の助言と承認が必要と規定されています（3条）。

第1章 ■ 憲法総論

● 象徴天皇制 ●

「日本国の象徴であり日本国民統合の象徴である」（1条）

| 象徴 | 抽象的なものを具体化する作用をもつ存在 |

| 意味 | 国の象徴としての役割以外を負わない（政治的な権能をもたない）ことに法的意味がある！ |

（⇔大日本帝国憲法下：「統治権の総覧者」としていた）

∴国政について国事行為のみを行うことができる（内閣の助言と承認が必要）

象徴
天皇

このように、天皇が形式的・儀礼的行為しか行えないとすると、憲法7条3号の「衆議院の解散」など、憲法上実質的決定権が明記されていない行為について、どの機関に実質的決定権があるのかという問題が生じます。この点について、一般には内閣の助言と承認に実質的決定権が含まれることから、衆議院の解散などの実質的決定権は内閣にあると解されています。

天皇の公的行為

天皇の公的行為とは、たとえば「おことば」や海外諸国の訪問など、象徴の地位に基づく行為のことです。これらの行為は国事行為として列挙されておらず、憲法4条が「天皇は、この憲法の定める国事に関する行為のみを行ひ」と定めていることから、公的行為は認めないとする説もあります。しかし、通説や政府見解は、天皇の公的行為を認めています。そして、公的行為の責任は内閣にあると解しています。

31

Column

天皇の生前退位と憲法上の問題点

　天皇陛下はご高齢のため、2016年8月に異例の「生前退位」のご意向をビデオメッセージという形で発表されました。そして、このご意向を踏まえて、2017年6月に生前退位を可能にする特例法案が成立しました。その後、天皇陛下は2019年4月30日に退位して、翌5月1日に皇太子殿下が新天皇として即位することが発表されています。

　もっとも、天皇の生前退位をめぐって憲法上の問題点も指摘されています。まず、憲法は皇位継承に関して「世襲」であることのみを規定しており、この規定自体からは、天皇の生前退位が憲法に違反するということはできません。しかし、憲法は、皇位継承などに関する詳細な事項については、皇室典範によって定めるとしています。そして皇室典範では、「天皇が崩じたとき」に皇位継承が発生することのみが明記されているため、天皇が生前退位を行うためには、皇室典範の改正が必要になります。そこで今回の生前退位に関しては、皇室典範の特例法を制定するという形で対応が図られました。

　また、天皇が自身の地位の継承に関して、意見を述べることは、天皇の権能に照らして認められるのか否かが問題になると指摘されています。憲法は、天皇は「国政に関する権能」をもたず、国事行為のみを内閣の助言と承認の下で行うことができると規定しています。国事行為にあたる行為については憲法に列挙されていますが、それ以外でも私的な行為を行うことは認められています。しかし、天皇が自らの地位に関して意見を表明する行為は、私的な行為とはみなされず、「国政に関する」意見を表明したことになり、憲法の規定に違反するおそれがあることが指摘されているわけです。

第2章

人　権

1 人権の概念

自由と平等が人権の重要要素

　人は、生まれながらにして幸福な人生を歩む権利を持ち合わせています。この権利は、性別、年齢、人種、職業などによる違いはなく、すべての人に平等に備わっているものです。この権利を人権といいます。

　思い描く幸福には人によって様々な形があり、何に幸せを求めるのかは個々に違いがありますが、幸福を求める権利そのものには人による違いはありません。また、人は幸福を追求するために日々様々な活動をしていますが、他者の権利・利益を侵害しない限りは、そうした活動を行うことができる自由が保障されていなければなりません。

　この後、人権について様々な角度から考えてみますが、まずは人権を理解する上で重要になるものとして、様々な思いを実現する「自由」があり、その自由はすべての人に「平等」に備わっている、という2つのキーワードをおさえましょう。

人権の性質

　人権には、一般に固有性、不可侵性、普遍性という3つの性質があるといわれています。

　固有性は、人権は国家から恩恵的に与えられるのではなく、憲法に保障されることで初めて発生するのでもなく、たとえ国家や憲法がなくても当然に人に備わっているという性質です。

　不可侵性は、人権は、原則として、国家や地方公共団体などの公権力によって侵害されることはないという性質です。

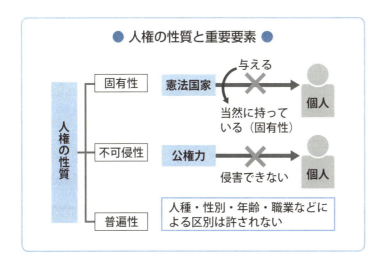

　普遍性は、人権は、人種、性別、年齢、職業などで区別されることなく、人であれば誰でも平等に備わっているという性質です。

人権を守るとはどういうことなのか

　日本国憲法第3章では、国民の様々な人権を保障する規定が置かれています。しかし、保障されているからといって、皆が好き勝手なことをすると、ある人の人権は守られるが、別のある人の人権は侵害を受けることになりかねません。国民が様々な活動をする上での「自由」は当然保障されるべきですが、同時に国民すべてに「平等」にその自由が与えられるべきです。

　この自由と平等という対立する可能性がある権利をどのように実現するのかが、人権をどのようにして守るのかという問題の要になります。2つの権利をどのように調整するのかを意識しながら、人権の様々な側面について考えてみましょう。

2 人権の分類

人権にはどんなものがあるのか

　人権は、国民と国家との関係という視点から分類すると、「国家からの自由（自由権）」「国家への自由（参政権）」「国家による自由（社会権）」というように、3つの権利として捉えることができます。さらに、すべての人権に共通する規範として、幸福追求権と平等権（法の下の平等）があります。

自由権とは

　国家による制約や介入を排除し、自由に思想などを持ち、自由に活動する権利のことを自由権といいます。人権の中で最も根幹的な権利です。

　たとえば、思想、信教、学問といった精神的な活動に対する自由（精神的自由権）、職業の選択や財産の所有、処分といった経済的な活動に対する自由（経済的自由権）、そして不当に身体を拘束されない自由（人身の自由）があります。

参政権とは

　国民が主権者として、直接に、あるいは国民が選挙で選んだ代表者を通じて、国の政策形成の過程に参加する権利を参政権といいます。国民の人権を実現するため重要となる権利です。

　参政権の具体的な内容としては、国民の代表者を選ぶ権利（選挙権）、自らが代表者となる権利（被選挙権）、そして公務員になる権利（公務就任権）などがあります。

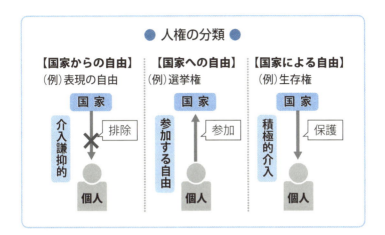

社会権とは

憲法によって自由が保障された社会では、強い者がより多くの自由を手にするといった弱肉強食の状態になりがちです。

こうした社会の中で個人が人間らしく生きられるように、国家に対して「最低限度の生活」を保障するよう求める権利が社会権です。社会権の具体的な内容としては、生存権、教育を受ける権利、そして勤労の権利などがあります。

分類は固定的なものではない

以上の分類は絶対的なものではありません。たとえば、自由権に分類される「表現の自由」のひとつとして「知る権利」があります。この権利は、情報の受領を国家から干渉されない権利という自由権的な側面に加えて、国家に対して情報の公開を請求する権利という社会権的な側面もあります。

このように、人権には二面性があることが多く、この点は人権の性質を理解する上で重要なポイントになります。

3 人権の主体と基本的人権の制限

人権の主体と制限

　人権が保障されるのは誰なのかという問題（人権享有主体性の問題といいます）に対しては、それは「人」だと答えるでしょう。では、「人」とは具体的には誰を指すのでしょうか。

　私たち一般の国民を指すのはいうに及びませんが、ここでは一般の国民と比較して、人権の一部が制約される「人」について説明します。具体的には、天皇、法人、未成年者の人権を取り上げます。外国人の人権に関しては次の項目で取り上げます。

天皇の人権

　天皇は、私たち一般の国民と同様に、日本国籍をもつ国民です。国民である以上、天皇も当然に人権が保障されます。

　しかし、憲法の規定により、一般の国民とは決定的に異なる特別な地位（日本国民統合の象徴で、その地位は世襲制）に置かれているため、天皇の人権には一定の制約が加えられています。たとえば、天皇には職業選択の自由や参政権（選挙権・被選挙権など）が認められず、日本国籍を離脱することもできません。

法人の人権

　法律の世界には、2種類の「人」が存在します。私たちのような生身の身体をもった人間である「自然人」と、会社などの組織体である「法人」です。法人は、人間ではないが、人間と同様に様々な活動の主体となる存在として、法律に基づいて特別に「人間扱い」される「人」のことをいいます。

第2章 人　権

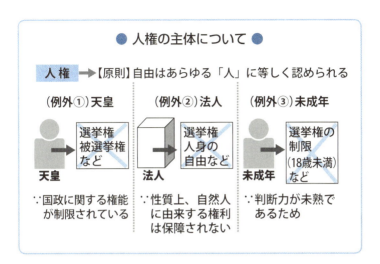

　法人は、実社会においては、経済活動の主体として存在しているという点で、少なくとも経済活動の自由を保障する必要があります。しかし、人権の中には、選挙権や被選挙権、人身の自由など、権利の性質上、法人にはなじまないもの（自然人のみを対象とし、法人には保障されない人権）があり、その限りにおいて、法人の人権は一定の制約を受けます。

未成年者の人権

　未成年者も日本国民である以上は、当然に人権が保障されます。しかし、未成年者は喫煙や飲酒が禁止されており、18歳未満の未成年者に関しては選挙権が与えられていません。

　こうした人権制約の根拠は、未成年者がいまだ未成熟であって、人格が形成途中にあることに求められます。未成年者の健全な心身の発達を確保するための制約（パターナリスティックな制約）を課して保護をする必要があるためです。

39

4 外国人の人権

外国人に人権は認められるのか

　人権に関する規定が置かれている憲法第3章は「国民の権利及び義務」という章立てになっています。「国民」とは日本国籍をもっている者、つまり日本国民（日本国籍保有者）を指していますので、第3章の人権保障規定は、日本国民のみに向けられたものと解釈することができます。仮にこの解釈が成り立つとすれば、日本国籍をもたない外国人には、日本国憲法による人権の保障は及ばないということになります。

　しかし、人権とは、そもそも国家や憲法の存在とは関係なく、人として生まれた限りは必然的に備わっている権利です。さらに、日本国憲法は国際協調主義（98条）を採用していますので、自国民の人権のみを保障の対象とするという態度は、これに反することになります。したがって、「国民」ではない外国人であっても、日本国内にいる限りは、日本国憲法による人権保障を及ぼすべきであるということになります。

　外国人にも人権保障が及ぶことを前提として、その保障の程度（範囲）は、日本国民と同等であるべきかという問題が出てきます。一口に外国人といっても、観光のために短期間だけ日本に滞在している外国人もいれば、日本国内に生活の本拠を置いている定住外国人もいます。日本国民と結婚した外国人もいるでしょう。これら様々な外国人に対して、一律に日本国民と同等の人権保障を与えるわけにはいかないでしょう。

　そこで、外国人の人権については、「権利の性質上、日本国民のみをその対象としていると解されるものを除き、わが国に

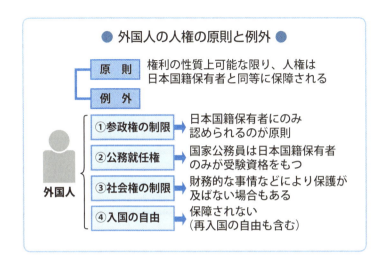

在留する外国人に対しても等しくその保障が及ぶ」という最高裁の考え方（マクリーン事件）を基礎として、個別具体的に外国人の人権について考える必要があります。

外国人に保障されない権利はあるのか

外国人に対して制約のかかる人権としては、①参政権（選挙権・被選挙権）、②公務就任権（公務員になる権利）、③社会権（社会的給付を受ける権利など）、④入国の自由（再入国の自由を含む）といったものがあります。

① 参政権（選挙権・被選挙権）

参政権は、国家の政策形成の過程に参加する権利です。国家のあり方に対して、直接的または間接的に関与できるという権利ですから、参政権は日本国民のみに認めるべきでしょう。

もっとも、地方選挙に関しては、定住外国人のように日本国民と同程度に地域と密着した生活を営む外国人に限り、法律に

基づき選挙権・被選挙権を与える余地はあります。

② **公務就任権（公務員になる権利）**

　国家公務員の採用試験については、ほぼすべての職種で「日本国籍を有しない者」には受験資格を認めない、という国籍条項が存在するため、外国人が国家公務員になることはできません。

　一方、地方公務員の採用試験については、国籍条項を設けるかどうかは各地方公共団体に判断が委ねられています。外国人に門戸を開いている地方公共団体もありますが、国籍条項を設けている地方公共団体が多いのが現状です。

③ **社会権**

　社会権のうち、とりわけ生存権に関わる生活保護について考えてみましょう。生活保護は「健康で文化的な最低限度の生活」を営む権利を保障するものです。また、生活保護を受ける権利は、自由権のように人が生まれながらにもつ権利とは異なり、国家に救済を求めるという性質をもつ権利ですので、国家の存在を前提としています。

　とすれば、生活保護を受ける権利は、国家に属する国民固有の権利であり、外国人にその権利を認める余地はないということになります。このような社会権による保障は、本来、その外国人が属する本国でなされるべきだからです。最高裁も、外国人には生活保護の受給権が保障されないとしています。

　ただし、憲法上の要請ではありませんが、政策（特別な配慮）として、財政事情の許す限り、外国人に生活保護を付与することは可能です（最高裁も同様の考え方です）。これを逆にいえば、財政逼迫などを理由として、外国人よりも日本国民を優先的に取り扱うことが許されるため、外国人に対する社会権の保障に一定の制約が課されることになります。

④　入国の自由

　外国人に「入国の自由」は認められません。国際慣習法においても、国家は外国人を受け入れる義務を負わず、特別の条約がない限り、外国人を自国内に入れるかどうかは、その国が自由に決定できます。そのため、外国人に入国の自由を認めないとしても、法的な問題は生じないのが原則です。

外国人に保障される人権の限界

　外国人に保障される人権の中から、政治活動の自由を取り上げて考えてみましょう。政治活動とは、自身の政治的な考え方や主張を表現する活動のことをいい、表現の自由（21条1項）を根拠として外国人にも保障が及ぶのが原則です。しかし、日本国民と同等の保障があるかといえば、そうではありません。

　ここで有名な「マクリーン事件」を取り上げて、政治活動の自由がどのような制約を受けるのかを見てみましょう。

　あるアメリカ人が在留期間の更新を申請したところ、在留期間中に安保条約反対やベトナム戦争反対などの政治活動をしたことを理由に、更新が不許可となりました。そこで、この不許可を不服として裁判で争いましたが、結果は敗訴でした（不許可は適法と判断されました）。つまり、外国人の政治活動の自由は在留制度との関係で制約を受けたということです。

　また、外国人との政治活動の自由は、原則的には保障されると述べました。しかし、その活動が日本の政治に影響を及ぼす程度の規模となる場合は、表現の自由として保障されるものではなく、参政権に近い性質を帯びた活動となります。参政権が外国人に認められない以上、日本の政治に影響を及ぼす政治活動の自由までは保障対象外だということです。

5 公共の福祉

人権と公共の福祉の関係

　人権が保障されることで、人は自由に様々な活動をすることができます。しかし、どんな自由でも許されるわけではありません。たとえば、Aが友人Bの私生活を暴露したブログ記事を公開したとしましょう。友人Bは「プライバシーの侵害だ」と怒るでしょう。ところがAは「私には表現の自由があるから悪くない」と開き直りました。この場合、Aの「表現の自由」とBの「プライバシー権」はいずれも憲法が保障する人権で、双方の人権が衝突しているわけです。ここで、Aの表現の自由を無制限に保障してもよいのでしょうか。

　私たちが社会生活を営む限り、人権同士の衝突は日常的に起こります。このとき、人権は絶対不可侵のものとして互いが自らの主張を押し通せば、社会は殺伐として混乱に満ちたものになるでしょう。そういった事態を避けるためには、あらかじめ衝突が起きないようルールを決めておく必要があります。つまり、法を制定して対立する権利間の調整を行い、人が社会生活を円滑に営めるようにする必要があります。あらゆる自由が許される権利というのは存在せず、社会生活を円滑に営むためには、法によって個人の権利が制約を受けることがあります。

公共の福祉の意味

　日本国憲法 12 条は、「国民に保障する自由及び権利」は「濫用してはならない」とともに、「常に公共の福祉のためにこれ（自由及び権利）を行使する責任を負ふ」と規定しています。

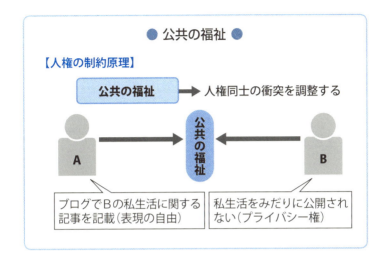

　では、なぜ自由や権利の行使に「濫用してはならない」という制約が課されるのでしょうか。それは、特に自分本位で自由や権利の行使がなされると、必然的に他者がもつ人権との衝突が起きるからです。こうした人権の衝突が起きた時に、互いの人権を公平に調整するための原理が公共の福祉です。

公共の福祉の問題点

　人権同士の衝突を調整する機能を果たす「公共の福祉」は、基本的には人権を制約する根拠として妥当だと考えられます。

　しかし、「公共の福祉」を根拠としさえすれば、人権を制約することができるという考え方も成り立ち、それが人権の不当な制約と判断されることもあるのです。公共の福祉には、その具体的な内容が明確に示されないまま、安易に人権制約の根拠として用いられる危険性があります。

6 二重の基準

なぜ二重の基準が生まれたのか

　前述したように「公共の福祉」は、人権同士の衝突を調整するための原理です。人権は公共の福祉を根拠に一定の制約を受けることがありますが、公共の福祉が常に優先されてもよいのでしょうか。人権と公共の福祉が対立した場合に、どのような方法でその解決を図るべきかが問題となります。

　ひとつの考え方として、人権を制約することによって得られる利益と、人権を制約しないことによって維持できる利益とを比較して、より利益の多い方の権利を優先するという「利益衡量論」があります。

　たとえば、保育施設が近隣になく困っている人が、この町内に保育施設を設置する運動を個人で起こしたとします。この運動は「表現の自由」として憲法の保障を受ける人権です。一方、町内の住民すべてが、平穏な生活が脅かされるとして、保育施設の設置に反対したとします。この場合、利益衡量論を用いて解決を図ろうとすれば、数の多さで優る住民の利益が優先されます。このように比較による解決では、人権の内容に関係なく、多数の利益が常に優先されるという不都合が生じます。

　そこで、利益衡量論の他に解決策はないだろうか、ということで登場するのが二重の基準です。

精神的自由権とは

　精神的自由権とは、何をどう考えるのかといった内面的な活動と、その考えをどう伝達するのかといった外部へ向けた活動

第2章 人　権

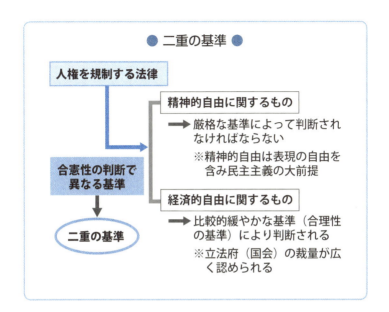

を保障する自由権のことをいいます。具体的には、次の4つの自由権が精神的自由権にあたります。

① 思想及び良心の自由（19条）：心の中で何を思っても、どのような考え方をしても自由である。
② 信教の自由（20条）：どんな宗教を信じるかは自由である。
③ 表現の自由（21条）：内面にあるものをどのように表現しても自由である。
④ 学問の自由（23条）：何を学ぶのか、そして何を教えるのかは自由である。

経済的自由権とは

経済的自由権とは、人の経済的な活動（物の売り買いなどに関わる活動）を保障する自由権のことをいいます。具体的には、

どこに住んでもどこに引っ越しても自由であるという住居移転の自由（22条）、どんな職業に就いても自由であるという職業選択の自由（22条）、個人の財産（私有財産）は国家から侵害を受けないという財産権（29条）があります。

精神的自由権の制約

精神的自由権の中で、特に思想・良心の自由は、どのような思想であれ考え方であれ、その人の内心にとどまっている限りは、絶対的な自由が保障されています。つまり、国家は一切の制約が許されないということです。

一方で、内心が外部へ表示された場合は、「表現の自由」としての保障の対象となりますが、表現の自由は絶対的な自由というわけにはいきません。なぜなら、外部へ表示されるということは、その思想なり考え方によって他者が影響を受けることがあるからです。その内容によっては、許しがたい表現ということもあります。そこで、表現の自由に関しては「公共の福祉に反しない限り」という制約が課されるのです。

経済的自由権の制約

経済的自由権は、精神的自由権とは異なり、すべて公共の福祉を根拠とした制約を受けます。たとえば、職業選択の自由が保障されているからといって、反社会的な犯罪組織に職を求める自由が保障されるわけではありません。

二重の基準とは

二重の基準とは、制約される人権を「精神的自由権」と「経済的自由権」の2つに分け、裁判所が人権を制約する立法の違

憲審査をする際に、精神的自由権を制約するものに対しては厳格な基準によって、経済的自由権を制約するものに対しては比較的緩い基準によって、その審査をすることをいいます。

精神的自由権は、それが不当に制約されると、民主政そのものが機能しなくなる（政治に関する自由な議論が抑圧される）可能性があることから、裁判所が積極的に介入して、その機能の回復を図る必要があるため、厳格な基準による審査が妥当します。

一方で、経済的自由権に関しては、それに不当な制約が加えられたとしても、民主政の機能に悪影響が及ぶ可能性は低く、正常に機能している議会によって、その不当な制約は是正される（法の改正・廃止などで是正される）ことが期待できるため、裁判所が積極的に介入するよりも、立法の裁量を尊重する必要性が高く、緩やかな基準で足りると考えられるわけです。

どんな場合に問題になるのか

精神的自由権のうち、特に「表現の自由」を不当に制約する法令が制定された場合、その法令により国民の表現の自由が奪われているために、その法令の問題点を指摘するなど、国民がその代表者（議員）に働きかけて、その法令を改正なり廃止させるといった行為はできないことになります。つまり、民主政が機能しなくなった状態では、国会（立法府）に立法の裁量権を委ねることができないため、裁判所（司法府）の積極的な介入によって、民主政の機能を回復させる必要があるわけです。

このように、国会において民主政の機能を損なうような（表現の自由を不当に制約する）立法がなされた場合に、裁判所が二重の基準により、厳しく審査すべきではないかが問題となります。

7 特別な法律関係

特別な法律関係とは

　ここでは、一般的な国民とは異なり、国家や地方公共団体といった公権力との間において、特別な法律関係にある人の人権について考えてみましょう。この特別な法律関係とは、「一般的な国民とは異なる公権力との特別な関わり合い」という意味で、具体的には、公務員や被収容者（刑務所などの刑事施設に収容されている人）が特別な法律関係にある人です。

　公務員は、国や地方公共団体などの公的機関に勤務して、全体の奉仕者として公務を行います。公権力との関係において、公務員はその手足としての役割を果たすという点で、一般的な国民とは異なる特別な法律関係に置かれています。

　また、被収容者は、受刑者や被疑者などとして刑務所や拘置所に収容されている人を指します。公権力との関係において、被収容者は公権力によって身柄が拘束されているという点で、一般的な国民とは異なる特別な法律関係にあるわけです。

公務員の人権制約について

　公務員は、国家公務員法や地方公務員法などによって、争議行為（ストライキなど）が禁止され、政治的活動の制約を受けます。確かに職務の特殊性から、警察官や消防官に争議行為を認めるわけにはいかないでしょう。また、国家公務員や地方公務員は、公共の利益のために職務を執行する者であるため、政治的に中立の立場が求められます。こうした人権制約が許容される根拠は、憲法による秩序を維持するためには、公務員の存

50

第2章　人　権

● 特別な法律関係 ●

公権力と国民間の特別な法律関係

➡ 人権の制約が許される特別の根拠

【公務員の人権】

制約される権利

労働基本権など
∵ストライキの禁止

制約される根拠

憲法の秩序を守るための
要素として、職務上一定の
制約を受ける公務員関係の
存在が、憲法上認められて
いる

【被収容者の人権】

制約される権利

人身の自由など
∵逮捕や拘禁

制約される根拠

証拠隠滅や逃亡の防止、受
刑者の矯正という社会秩序
維持のため、被収容者との
関係の存在が、憲法上認め
られている

在が不可欠（15条）であるからです（これを「公務員が憲法
秩序の構成要素である」と表現することがあります）。この点
で、公務員は一般の国民とは違う特別な存在といえるのです。

被収容者の人権制約について

憲法31条によれば、法律の定める手続を経ることで、人に
対して、生命、自由、経済の自由を制約することができること
になっています。このように、憲法が被収容者の存在とその者
に対する人権の制約を予定していることが、被収容者に対する
人権制約を許容する根拠となっています。

また、被収容者と国家との特別な法律関係を維持し、被収容
者を刑事施設に収容する目的（逃亡防止や受刑者の矯正などの
社会秩序維持）を達成するために、人権に必要かつ最小限度の
制約を課すことを憲法は容認しているといえます。

8 私人間効力

憲法で人権を保障するのは国と国民（私人）間の関係

憲法は、本来、国民の人権を保障する目的で国家権力を規制するための規範ですので、国家と国民（私人）との関係において適用するものです。これは、国家という絶大な権力を前にした場合、国民はまったくの無力であるという関係性から、国家の力が不当に国民に向かないようにする必要があるわけです。

私人と私人との関係においては「私的自治の原則」というものがあり、私人同士で解決を図ることになります。つまり、私人間の問題に対して国家は介入しないとするものです。私人同士の争いによって人権が侵害される事態になった場合に、そこに憲法を持ち出して国家が介入するとなると、私的自治の原則が脅かされることになりかねません。そのため、私人間の問題に憲法が適用されることは、原則としてありません。

しかし、私人の中には、マスメディア（新聞社や放送局）のように強大な力を持ったものもあり、そのような私人を相手に個人が戦うとすると、ほぼ勝ち目はないといってよいでしょう。

その場合でも、私的自治の原則により「私人同士の争いだから国家の力を借りずに自力で戦え」といえるでしょうか。マスメディアと個人との関係は、国家と個人との関係と同視できるとも思われます。とすれば、憲法は国家と国民との関係のみに適用されるとの形式的な考え方でなく、国家権力と同視できるほど強大な力を持つ私人に対しては、例外的に憲法の適用を認めてよいとする見解があります。これを国家同視説といいますが、最高裁は採用していません。

第2章■人　権

● 憲法の私人間効力 ●

【原則】憲法は国家対私人を規律
➡ 私人間で憲法が直接適用されることはない

憲法の規律に従う

国家（公権力）━━━━━━━━━━➡ 個 人

‥‥‥‥‥‥‥‥‥‥‥‥‥‥‥‥‥‥‥‥‥‥‥‥‥‥

【例外】憲法が私人間の法律関係で適用される余地がある
➡ 私人間効力

人権を侵害するような行為

私 人 ━━━━━━━━━━━━━━➡ 個 人
　　　◀━ 私法（民法など）の一般条項 ━

（企業などの巨大な
力をもつ団体など）━━➡ 公序良俗違反（民法90条）などを
　　　　　　　　　　適用する際に憲法違反を主張
　　　　　　　　➡ 私人間効力（間接適用説）

私人間の争いに対する憲法の適用

　前述したように、私人間の争いにおいて、憲法がその解決のために直接適用されることはありません。しかし、大企業（私人）とその従業員の関係といった、圧倒的な力の差がある場合などには、何らかの形で憲法を適用して、弱者である従業員の救済を図る必要があります。

　ただし、この場合に憲法を適用するときは、直接憲法の条文に照らして「会社の行為は違憲だ」という判断は行いません。私人間の争いは、あくまで私法（民法など）を適用して解決を図るべきなので、公序良俗違反（民法90条）、不法行為（民法709条）といった私法の一般条項を適用する際に、憲法の人権規定の趣旨を反映させるのが現在の最高裁の見解です。この見解を間接適用説といいます。

53

9 包括的基本権

生命・自由・幸福追求権とは

憲法14条以下で列挙された人権保障の規定（個別的規定）を見てみると、様々な人権が保障されていることがわかると思います。では、憲法に列挙されていない人権（これを新しい人権といいます）は憲法上保障されないのでしょうか。

人権保障の必要性は、社会のあり方との関係で変化します。憲法が施行されてから現在まで、社会のあり方は大きく変化しています。その変化の中で、新たに憲法上保障をすべき人権が登場してきました。憲法上の個別的規定がない新しい人権について、その個別的規定がないという理由だけで憲法上保障されないのは妥当でないでしょう。

そこで、憲法上の個別的規定がない新しい人権については、憲法13条が保障の根拠条項となると解されています。憲法13条が包括的基本権といわれるのはこのような意味です。

憲法13条前段は「すべて国民は、個人として尊重される」と規定しています。これは、憲法の最重要価値である個人の尊厳を保障する趣旨の規定です。この規定は、個人の人格的な自律（自分のことは自分で決定し、自ら実現していくこと）そのものを保障するため、どのような社会的利益（公益）があっても、制約できません。

また、憲法13条後段は「生命、自由及び幸福追求に対する国民の権利」を保障しています。これを総称して幸福追求権といいます。幸福追求権は、個人の人格的な自律に必要な権利を包括した権利と解されています。

第2章 人　権

● 包括的基本権とは ●

基本的人権

憲法に規定されて
いない
各種の権利

14条以下に規定
されている人権

【生命・自由・幸福追求権】

憲法13条

↓

包括的な基本権

∴個別的規定がない人権に
ついて保障の根拠となる
条項である

包括的基本権と新しい人権

　憲法13条により保障される新しい人権として、自己決定権、環境権、肖像権などがあります。

　自己決定権とは、自らの生き方について、自ら決定することができる権利のことをいいます。たとえば、信仰している宗教の教義から、どのような状態になっても輸血を受けないとの意思決定は、自己決定権のひとつといえます。最高裁は、この意思決定を「人格権の一内容として尊重されなければならない」としていますが、新しい人権としては認めていません。

　環境権とは、良好な環境の下で生活する権利です。高度経済成長期に深刻な公害問題が生じたことで、環境権を憲法13条などで保障すべであると考えられるようになりました。しかし、最高裁は、環境権を新しい人権としては認めていません。

　肖像権とは、みだりに容貌・姿態を撮影されない自由をいいます。最高裁は、この自由が憲法13条により保障されると判断しているため、肖像権は新しい人権として認められているといえるでしょう。

55

10 プライバシーの権利

プライバシーの権利とは

プライバシーの権利（プライバシー権）は憲法 13 条により保障される新しい人権のひとつです。憲法制定当初は重要なものと考えられていませんでしたが、現在ではとても重要な権利と考えられています。

もともと、プライバシー権は「一人で放っておいてもらう権利」という側面が重視されてきました。特にメディアの発達により、個人の私的生活の領域が他者にさらされる危険が高まったことから、このように考えられるようになりました。

その後、現代の情報化社会の中で、国家が個人に関する様々な情報を収集するようになった結果、自己に関する情報の公開・管理について、自ら決定すべきであると考えるようになりました。そのため、プライバシー権については自己情報コントロール権という側面が重視されるようになったのです。

人の生活領域には、プライバシー権の保障が強く及ぶ私的部分と、その保障の程度が弱くなる公的部分があります。たとえば、昨晩、自分の家でどのような生活を送ったか、本を読んだのか、映画を観たのか、このような情報は私生活上のことなので私的部分といえます。これが誰かに監視されていたり、テレビなどで勝手に公開されたりすれば、人は自律的な人間として生活することが難しくなるでしょう。

また、このような私的部分を誰に対し、どこまで公開するかなど、私的部分の情報の管理を自分自身が決定することも重要です。本の内容を話すことができる友人、映画を語ることがで

第2章　人　権

● プライバシーの権利 ●

【プライバシーの権利】 → 新しい人権のひとつとして憲法13条から導き出される

<私的な生活領域> ┈┈┈▶ 誰に対し、どこまで公開するのか決定する権利

〈例〉

- 自分の家でどのような生活を送ったか
- 本を読んだか
- 映画を観たか

↓

自己情報コントロール権
（国家に対して請求する側面）

きる恋人など、私的部分の保障があるからこそ、人は社会生活を形成できるのです。つまり、私的部分に関する自己情報コントロール権は、個人の尊厳に基づく重要な権利だといえます。

　しかし、どこまでが私的部分に関する情報で、どこからが公的部分に関する情報であるかを区別するのは困難です。たとえば、出身都道府県に関する情報は、一般には私的部分に関する情報とは考えられていません。しかし、そのような情報を私的部分に関する情報だと信じる人がいる場合、その人については出身都道府県に関する情報が私的部分に関する情報だと判断されると、私たちの社会が成り立たなくなります。

　そのため、ある情報が私的部分であるか公的部分であるかの区別は、原則的には一般人の感受性を基準に判断されます。

表現の自由との関係

　表現の自由は、憲法21条1項により保障されています。後述しますが、表現の自由も個人の尊厳にとって必要不可欠な権

利です。この表現の自由とプライバシー権が衝突することがあります。たとえば、Ａさんの過去の失恋を暴露する小説を発表するとします。一般人の感受性からして、過去の失恋は私的部分であり、これを暴露されるのは嫌でしょう。この場合、表現の自由とプライバー権が衝突します。もっとも、他人の私的部分の情報を勝手に表現する自由がプライバシー権に優先して保障されるとは考えにくいでしょう。表現の自由と私的部分のプライバシー権が衝突する場面において、表現の自由が優先することは多くないということができます。

表現の自由との関係において特に問題になるのは、人の社会的評価に関する名誉権です。たとえば、上記の小説の例で、ストーリーが完全にフィクションであったとします。しかし、その内容が「Ａさんが異常な性格のために失恋した」というものである場合、表現の自由と名誉権が衝突する可能性があります。この場合、表現の自由の重要性と名誉権の侵害の程度などを考慮し、どちらを優先させるべきかが判断されます。

▌知る権利との関係

知る権利は、表現の自由の一内容であり、個人の尊厳にとって必要不可欠な権利です。表現の自由との関係では、基本的にプライバシー権や名誉権を想定して検討してきました。ここでは、政治家などの公人のプライバシー権を想定しましょう。

他人の私的部分を知る権利というものが憲法上保障されることは通常考えられません。しかし、対象が公人（議員など）であれば、国民が政治的判断をするために、公人の私的部分についても、ある程度知る必要があります。つまり、私人の時には及ばなかった部分にまで知る権利が及びます。たとえば、過去

第2章 ■ 人　権

の失恋を暴露した小説の出版についても、モデルが政治家であり、政治家としての資質に関わるような内容であれば、知る権利がプライバシー権に優先すると考えられるでしょう。

どんな場合に問題になるのか

　プライバシー権侵害が問題になるか否かは、一般人の感受性が重要な判断基準になるということができます。

　たとえば、過去の犯罪を土台としたノンフィクション小説の出版について、損害賠償が認められた事件があります。刑事裁判は公開法廷で行われるため、前科は公開された事実です。しかし、一般人の感受性からして、前科は他人に公開されたくない情報で、犯罪時から長期間が経過し、更生して普通に生活している人であれば、なおさら他人に知られたくないでしょう。

　重要な外国国賓の講演会をする際に、主催者が出席者に学籍番号・氏名・住所・電話番号を提出させました。その後、主催者が本人の同意を得ることなく、提出を受けた情報を警察に開示した事件で、最高裁はプライバシー権の侵害を認めました。

　これらの情報は一般人の感受性からして、公開を望まないものとはいえません。しかし、本人に無断で警察に公開するとなれば、一般人は公開を望まないでしょう。この点をもって、最高裁はプライバシー権の侵害と判断したと解されています。

　また、住民基本台帳ネットワーク（住基ネット）によって氏名・性別・生年月日・住所などの情報が管理・利用されていることについて、最高裁は、プライバシー権を侵害しないとしました。これらの情報は一般的に秘匿性が高い情報とはいえないこと、住基ネットは正当な行政目的以外に利用されるおそれがないこと、などを理由として、合憲と判断されました。

11 法の下の平等

平等とは何か

平等とは、偏ることなく一様であることを意味しています。人が生まれながらにして平等であることは誰もが理解していることでしょう。では、生まれながらにして平等であるとはどういうことなのでしょうか。法律においては、「等しいものは等しく」といわれています。これは、個人がそれぞれ異なるものであることを前提に、等しいものを等しく扱い、等しくないものは等しくなく扱うことを意味します。では、どのような事柄でも、「等しいものは等しく」が妥当するのでしょうか。

たとえば、所得が異なる人について、所得税に差を設けたとしましょう。このような差異は、一般的に受け入れることができるでしょう。しかし、人種の違いをもって所得税に差を設けたとしましょう。A人種は一律に所得税が低く、B人種は一律に所得税が高いとします。この場合、所得税が高いB人種の人たちは受け入れることができないでしょう。

なぜ、このような不平等を受け入れることができないのでしょうか。それは、個人の根源的な平等性を否定しているからです。平等は個人の尊厳と深く関わっています。個人の尊厳は、すべての人間がかけがえのない存在であることを意味します。それと同時に、個人が根源的に平等であることも意味しています。個人が根源的に平等であるとは、すべての人は、どのような思想や身体的特徴を持っていようと、自律的に生き方を決めて、自ら生きていく点において平等です。

このように考えると、上記の人種によって所得に差を設ける

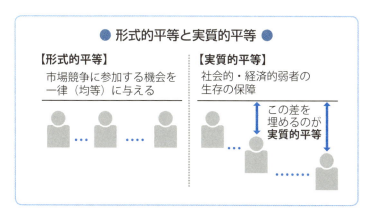

例は、B人種を根源的に否定する意味をもっています。そのため、このような差別は受け入れることができないのです。

形式的平等から実質的平等へ

平等という概念は、封建社会が崩壊し、絶対主義社会（絶対王政）を経て、近代立憲主義が形成されるにあたり、重要な意味を持ちました。当初の平等は形式的平等であったといわれています。形式的平等とは、市場競争に参加する機会を平等に保障すること（機会の平等）を意味します。封建社会にあって、参加の機会すら平等でなかったことからすれば、形式的平等は当時の市民にとって重要な意味をもちました。

しかし、資本主義の発展により、形式的平等は大きな不平等をもたらしました。成功した者は資産をたくさん持ち、成功しなかった者はさらに貧乏になりました。機会の平等のみ保障されている状態では、資産の格差を逆転することは非常に困難でした。そこでは、資産の格差がまるで身分のように、実質的な不平等を生みました。

そこで、社会的・経済的弱者に対して、国家が自由と生存を保障すべきであるとの考え方が広まりました。つまり、社会的・経済的弱者が生じるという現実の差異に着目して格差の是正を行おうとする考え方です。これを実質的平等の要請といいます。

現在の憲法は、原則的には形式的平等を実現するものといえます。もっとも、前述した平等の歴史を考慮し、実質的平等の観点も加味しつつ、考えていく必要があります。

憲法上の平等原則

憲法には、平等を保障する規定がいくつかあります。普通選挙の保障（15条3項）、両性の本質的平等（24条）、教育の機会均等（26条）、選挙人の資格（44条）などです。その総則的な意味をもつのが、憲法14条の法の下の平等です。

法の下の平等の意味

法の下の平等は、法の平等な適用（法適用の平等）を意味するといわれています。たとえば、AさんとBさんが窃盗をしたとします。このとき、警察官がAさんは嫌いだから窃盗罪で逮捕して、Bさんは好きだから窃盗罪で逮捕しないとするのは、法を不平等に適用しているものといえます。これはAさんが個人として根源的に平等であることを否定するものですから、AさんもBさんも逮捕するか、双方とも逮捕しないかといった法適用の平等が要請されます。

それだけでなく、法の下の平等は、法内容の平等も意味するといわれています。たとえば、Cという信条を持つ人を不平等に扱う法律がある場合、すべての国民に法を平等に適用しても、Cという信条を持つ人の個人の尊厳を根源的に否定するものと

なってしまいます。そこで、特定の信条を持つ人を不平等に扱う法律を作らない、といった法内容の平等が要請されます。

なお、ここでの「平等」とは、個人の事実的・実質的差異に応じて差別（異なる対応）をすることは認められますが、このような合理的な根拠に基づかない差別を禁止することを意味します（相対的平等といいます）。たとえば、窃盗罪の法定刑を女性が行った場合のみ重くしたとしましょう。刑罰は、犯罪行為に対する報い（応報）や、今後の犯罪行為の抑止などの目的のために存在することから、犯罪の内容に応じて刑罰の軽重を決める必要があるとしても、男性より女性の窃盗の方を重く処罰する必要があるとはいえません。これは、男性と女性が根源的に平等であることを否定するものといえます。

どんな場合に問題となるのか

平等は、ある点において差別されている場合に、その差別の合理性が疑わしい場合に問題となります。

以前は、相続分について非嫡出子（婚外子）は嫡出子の2分の1と扱われていました。つまり、相続分という点において、嫡出子か非嫡出子かで差別されていました。最高裁が、これを不合理な差別である（憲法違反である）と判断したため、現在では非嫡出子と嫡出子の相続分は平等の割合となっています。

また、以前は尊属（父母など）を殺害した者は死刑または無期懲役に処するとの規定（旧刑法200条）がありました（現在は削除されています）。つまり、刑罰の点において、殺害した人が尊属か否かで差別されていました。最高裁は、尊属報恩という目的は合理的であるが、法定刑を死刑または無期懲役に限る点において、不合理な差別であると判断しました。

12 内心の自由

思想・良心の自由とは

憲法19条は思想・良心の自由を保障しています。思想・良心とは、人の内面における精神活動を指します。表現の自由が、人の精神活動が外面に表れるのを保障するので、外面的精神活動の自由と呼ばれているのに対し、思想・良心の自由は内面的精神活動の自由、つまり内心の自由と呼ばれています。

内面的精神活動の自由を保障する規定は、思想・良心の自由だけではありません。信教の自由（20条）や学問の自由（23条）なども内面的精神活動を保障するものです。

なぜ、わざわざ思想・良心の自由を保障する規定が設けられたのでしょうか。

他国の憲法を見ると、ドイツや韓国の憲法には思想・良心の自由を保障する規定があるようですが、その他の国にはあまり見られないといわれています。他国の憲法では思想・良心の自由が保障されていないのかというとそうではありません。思想・良心の自由が保障されることが当たり前と考えられていたり、表現の自由や信教の自由を保障することで思想・良心の自由の保障として十分と考えられていることから、わざわざ明文をもって規定されていません。

日本においては、大日本帝国憲法下において、軍国主義の名の下に思想統制が行われました。たとえば、治安維持法の施行にあたり、思想犯と認定された者は、身柄を拘束され、監視下に置かれました。このような歴史的な反省から、日本国憲法の制定にあたり、明文をもって保障することになりました。

● 内心の自由とは ●

【思想・良心の自由】

個 人

内心の自由
特定の思想や信条をもっていることを理由に不利益を受けない（内心の自由は絶対的に保障される）

沈黙の自由
内心にもっている思想や信条を強制的に告白しなくてよい

沈黙の自由とは

憲法19条は、思想・良心の自由は「これを侵してはならない」と規定しています。「これを侵してはならない」とは、2つの意味があると解されています。

1つ目は、特定の思想や信条をもっていることをもって、不利益を受けることはないということです。これは、どのような特殊で過激な思想であっても、内心にとどまっている限り、絶対的に保障されることを意味しています。

2つ目は、内心の思想や信条を強制的に告白させられないということです。これを沈黙の自由といいます。日本では、江戸時代に踏み絵がなされました。これは、キリスト教を信仰しているか否かを強制的に告白させるものであるため、憲法19条の下では許されません。これに関連して、日の丸や君が代に否定的な思想をもつため、卒業式の起立斉唱をしたくないと考える教師に対し、校長が起立斉唱を命じる職務命令を出した事件がありました。最高裁は、職務命令は思想の強制的告白でないため、思想・良心の自由の制約にあたらないと判断しました。

13 信教の自由

信教の自由とは

憲法20条は、信教の自由を保障しています。信教の自由は、人の内心における宗教的な精神活動のみでなく、外面における宗教的活動も含むものです。

どのような宗教を信仰し、どのような人生を送るかは、自律的な生を送る上で必要不可欠といえます。そのため、信教の自由は個人の尊厳に基づく重要な権利といえます。

それだけでなく、信教の自由を保障することは、歴史的にも重要な意味をもちました。ヨーロッパでは、宗教改革により、キリスト教が複数の宗派に分裂しました。そして、異なる宗派を敵とみなし、凄惨な戦争が繰り返されました。この戦争の中で、人々は異なる宗教、異なる信仰を抱いていても、争うことなく共存できる社会を渇望するようになりました。信教の自由の保障はこのような歴史的事情を経て生まれてきました。

大日本帝国憲法においても、信教の自由は保障されていました。しかし、神社神道を国教（国家神道）として考えており、他の宗教は冷遇されてきました。こうした歴史的反省から、日本国憲法20条の規定が設けられました。

信教の自由の内容

信教の自由は、信仰の自由を保障します。これは、自由に信じるべき宗教を選択することができるというものです。

また、信教の自由は、宗教的活動の自由も保障します。たとえば、仏教を信仰している者がお寺にお参りに行くことなどが

66

第 2 章 人　権

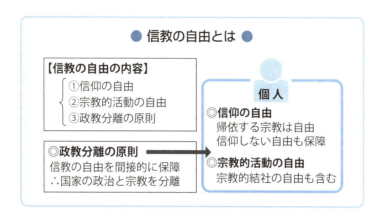

宗教的活動にあたります。信仰は、宗教的活動を通じて実現されます。そのため、宗教的活動が保障されていない場合の信仰の自由は無意味なものとなりかねません。

さらに、信教の自由は、宗教的結社の自由も保障します。これは、同じ信仰を有する者が集結することや、ともに活動することを保障するものです。キリスト教のカトリック教会が行っているミサは、宗教的結社に基づく行為といえるでしょう。

信教の自由が保障されているということは、その裏返しで、信教しない自由も保障されています（20条2項）。

政教分離とは

政教分離とは、政治と宗教を分離するこというます。憲法20条は、「いかなる宗教団体も、国から特権を受け、又は政治上の権力を行使してはならない」とし（1項）、「国及びその機関は…いかなる宗教的活動もしてはならない」と規定しています（3項）。これが政教分離原則についての規定です。また、憲法89条は、政教分離の原則を財政面から裏付けています。

前述した宗教改革後の宗派間の凄惨な戦争は、国家が宗教の問題に介入していたことも原因のひとつでした。そのため、信教の自由の保障とともに、政教分離が規定されるようになりました。日本国憲法も、大日本帝国憲法下において、神社神道を国教として考えて、他の宗教を冷遇した反省から、政教分離を規定したものといえます。

　政教分離は、国によりそのあり方は異なります。日本の政教分離は、国教を認めず、政治と宗教の分離を徹底しようとするものです。政教分離を制度として保障することで、間接的に信教の自由を確保しようとするものであると解されています。

どんな場合に問題になるのか

　まず、信教の自由が問題となる場面を検討してみましょう。信教の自由も思想・良心の自由と同様に、内心にとどまる限りは絶対的に保障されます。外面に表れたとき、問題となる可能性があります。

　たとえば、精神異常者に対して、その平癒のために線香護摩を行うという宗教行為がなされたところ、線香護摩を受けた者が死亡する事件がありました。宗教的活動それ自体に刑罰を科すことは信教の自由を侵害するでしょう。しかし、宗教的行為により他人の生命を侵害した場合に刑罰を科すことは、信教の自由を侵害するといえるのでしょうか。最高裁は、信教の自由の侵害にならないと判断しました。

　次に、宗教的結社の自由が問題になる場面として、宗教法人法の条項に基づき宗教法人の解散命令が出された事件があります。解散命令は宗教法人としての活動を禁止するもので、宗教的結社の自由や宗教的活動を制約するものといえます。最高裁

は、解散命令の制度目的は世俗的で、宗教的活動の自由に対する影響も間接的なもので、大量殺人を行った宗教法人を対象とした解散命令は信教の自由に反しないと判断しました。

さらに、政教分離が問題になる場面を検討しましょう。政教分離は、政治と宗教が関わり合ったときに問題となります。しかし、政治と宗教の関わり合いを一切禁止することは、おそらく不可能でしょう。そこで、どの程度の関わり合いであれば、政教分離に反することなく許容されるかが問題となります。

最高裁は、政治と宗教の関わり合いが相当と考えられる限度を超えた場合に、政教分離に反するとしています。具体的には、国や地方公共団体の活動の目的が宗教的意義をもち、その活動の効果が宗教に対する援助、助長、促進または圧迫、干渉などとなるような行為が政教分離に反します。

たとえば、市体育館の起工式を神式に則って挙行し、その費用を市の公金から支出した事件について、最高裁は、政教分離に反しないと判断しています。しかし、県知事が靖国神社や護国神社に対し、県の公金から玉串料などを支出した事件については、特定の宗教団体を支援する印象を与えるものであるとして、政教分離に反すると判断しています。

信教の自由と政教分離が衝突することもあります。公立の高等学校において、信仰上の理由から剣道の授業を拒否した学生に対して、学校は何らの代替措置も行わず、体育科目を単位不認定とした結果、退学処分としました。

政教分離を厳格に解するのであれば、特定の宗教を特別扱いすることはできないため、学校側の対応は問題ないといえるかもしれません。しかし、最高裁は、代替措置を検討せずに行った退学処分は、生徒の信教の自由を侵害すると判断しました。

14 表現の自由

表現の自由とは

表現の自由は、内面的精神活動を外部に表明し、他人に伝達する自由をいい、憲法 21 条 1 項により保障されています。

表現の自由は民主政の過程（民主的政治過程）を維持するために重要な意味をもちます。つまり、人は政治的な判断をするためには、様々な情報を持っている必要があります。選択する政策が妥当なものか否かを判断するためには、その政策のよい面も悪い面も、さらには異なる政策についても知る必要があります。このように、私たちが様々な情報に接する機会を保障するためには、情報発信者（他人に伝達する人）の権利を保障しなければなりません。そのためにも、表現の自由を保障するのです。表現の自由が保障されていれば、国民が様々な情報に接することができ、民主政の過程を維持することができます。

表現の自由と個人の尊厳との関係

表現の自由は個人の尊厳を保障するため、必要不可欠な権利ということができます。個人が自律的な生活を送るためには、自ら考え、その考えに基づいて生きていく必要があり、そのためには自らの考えを表現することが重要になります。

哲学者のヴィトゲンシュタインは「思考は本質的に記号を操作する活動である」といいました。つまり、自ら考え、自律的な生活を送ることと、表現行為の間には本質的な関連性があるわけです。そして、自律的な生活と本質的に関連する表現行為をすべての人に対して保障することは、個人が根源的に平等で

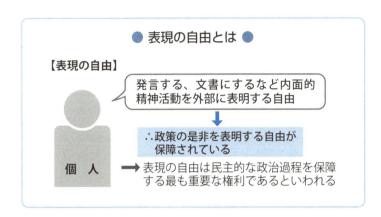

あることも保障することにつながります。そのため、表現の自由は個人の尊厳を保障するため必要不可欠といえるのです。

以上から、国家が法律などによって表現行為を規制する場合には、そのような規制が許されるか否かは、厳格に判断する必要があります。特に表現された内容を理由に表現行為を規制するもの（内容規制）である場合は、自由な表現行為に対する重大な脅威になりかねないため、規制の必要性などを国家の側が証明しなければなりません。規制の必要性が肯定される場合でも、表現行為に対する規制の程度は必要最小限でなければ許されないと考えられています。

また、表現の自由が個人の尊厳の保障に重要な意味をもつというのは、知る権利が保障されることも意味します。人が自らその生き方を考え、決定するためには、考えるための材料が必要です。ある人にとって、どのような材料が必要不可欠となるかは、他人には判断できず、また判断すべきではありません。自律的な生活を送るためには、様々な知識や情報をいつでも知ることができる、思想の自由市場が実現される必要があります。

以上のように、表現の自由は、情報の送り手から受け手までを保障する権利です。誰もいない部屋の中で、好きなことを表現する行為を保障しても、表現の自由の保障にはなりません。

知る権利や情報公開請求権

アメリカ第4代大統領のジェームズ・マディソンは「民衆に情報がないか、情報を得る手段がない政府は、喜劇か悲劇か、またはその両方である」といいました。このように、政府に対して情報公開を求める権利（情報公開請求権）は、国民の知る権利の内容のひとつであると解されています。

情報公開請求権と関連して、2014年に施行された特定秘密保護法は、行政機関の長が特定秘密と指定した情報の開示を一定期間禁止するものです。この法律が国民の知る権利を侵害するものではないかと問題視されています。

報道の自由との関係

表現の自由は、情報の送り手から受け手までを保障するものです。しかし、マスメディアが発達している現代社会では、情報の送り手は、多くの場合がマスメディアです。では、なぜマスメディアによる表現行為が保障されるのでしょうか。

それは、国民の知る権利の助けになるからです。たとえば、テレビのニュース番組では、政治的な問題が多く取り扱われています。これを視聴することで、政治的な知識や情報を知ることができます。また、ドキュメンタリー番組などでは、様々な人の生き方を知ることができます。それを視聴することで、自律的な生活を送る上で必要な情報に接することができます。

このように、マスメディアによる表現行為は国民の知る権利

第2章　人　権

に重要な意味を有することから、マスメディアによる報道の自由は、憲法21条1項により保障されると解されています。

なお、報道の自由と関連して取材の自由が認められるか否かが議論されています。なぜなら、報道の自由の前提として、報道内容の材料を得るため、情報に対する自由な取材活動が保障されていなければならないからです。最高裁も、取材の自由は尊重しなければならないと解していますが、特に刑事事件に関係する取材については、公正な裁判に支障があるおそれがある場合に、一定の制約を受ける（たとえば、取材フィルムが証拠として押収されるなど）ことに注意が必要です。また、取材方法についても無制限ではなく、他人の人格を踏みにじるような方法での取材は、違法であると判断されています。

他の人権を侵す場合もある

表現の自由は個人の尊厳を保障するために非常に重要な権利です。しかし、絶対的に保障されるわけではありません。表現の自由も他の人権を侵す場合があります。プライバシー権の項目でも取り上げましたが、プライバシー権と表現の自由はだびたび衝突します。

人権以外にも、憲法上の要請と表現の自由が衝突することがあります。たとえば、公務員が政治的表現を行う場合です。公務員は政治的中立性が憲法上要請されています。しかし、公務員も国民であり、職務から外れているときは一般人ともいえます。最高裁も、管理職の地位にない国家公務員が休日に職務と関係なく行った政治活動について、政治的中立性を実質的に損なうものでなく、政治的行為を禁じた国家公務員法に反しないと判断して、公務員の政治的表現に配慮しています。

15 検　閲

検閲とは

　憲法21条2項前段は「検閲は、これをしてはならない」と規定しています。最高裁は、憲法が禁止する検閲とは、国や地方公共団体の行政権（行政機関）が主体となって、表現物の発表の禁止を目的とし、発表前にその表現物の内容を審査した上で、不適当と認める場合に発表を禁止することをいい、このような検閲は絶対的に禁止される（公共の福祉による制約も許さない）と解しています。

　なお、上記の検閲の定義からは、表現行為の発表前の段階での行為（差止め行為）のみが「検閲」の対象に含まれます。しかし今日では、表現の自由は、情報が受け手に到達されるまでのプロセス全般を保障した権利であるという考え方を前提とした上で、情報の受け手に届く前に行われた表現に対する禁止行為の多くが、検閲に該当すると主張する見解もあります。

検閲はなぜ危険なのか

　検閲は表現行為に対して大きな萎縮効果をもたらすため、表現の自由にとって最も厳しい制約といえます。

　表現の自由は、表現行為がなされ、思想の自由市場に様々な知識や情報が登場し、批評などを受けることに価値があります。しかし、検閲は知識や情報が思想の自由市場に登場すること自体を抑止します。そうすると、知識や情報の批評が行われず、その良否を判断することができなくなります。これでは、何をもって表現行為が抑制されたのかを判断できず、その後に表現

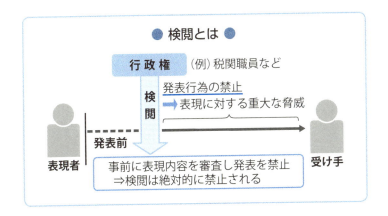

行為をする者が自らも抑制されてしまうと委縮し、思想の自由市場が不当にゆがめられてしまいます。以上の理由から、検閲は絶対的に禁止されます。

どんな場合に問題になるのか

これまで検閲にあたるか否かが議論されてきた大きな問題のひとつとして、税関検査が挙げられます。つまり、税関職員がわが国に持ちこまれた書籍などが不適切であるという理由で、輸入を禁止した場合、国内の人々はその表現行為を知る機会が奪われるため、このような税関検査は検閲に該当するのではないかという問題が議論されました。

最高裁は、税関検査はあくまで荷物の検査という観点から行われるもので、表現物の内容を審査して規制することを目的としていないことや、輸入禁止となった書籍などは国外で見聞することが可能であり、税関検査によって表現物の発表が全面的に禁止されたとはいえないことなどから、税関検査は検閲にあたらないとの立場をとっています。

16 集会の自由

集会の自由とは

政治・学問などの問題について話し合うことなどを目的として、多くの人が一定の場所に集まることを集会といいます。集会の自由は、表現の自由のひとつとして、憲法21条1項により保障されています。

集会の自由の内容

一般に人が集まる場所としては、公園や広場などが考えられるでしょう。もっとも憲法が保障する集会の自由は、固定された場所に限られるわけではありません。

たとえば、団体が自らの主張を誇示するため、デモ行進を行う場合があります。デモ行進は、特定の屋内で人々が集合している状態ではなく、人々が流動的に屋外で行進を続けている状態です。しかし、集会の自由は、大人数による表現活動を保障することに目的があるため、デモ行進における表現活動も、集会の自由のひとつとして保障されると考えられています。

どんな場合に問題になるのか

集会は、人々が集合する場所を前提とする表現活動であり、人々の行動をともなうものですから、他人の権利や利益と衝突する場合があります。このため、集会の自由は、必要不可欠な最小限度の規制を受けることは、やむを得ないと考えられています。たとえば、何者かに殺された総務部長の葬儀のため、JR総連が埼玉県上尾市に対して市福祉会館の使用許可を

申請しましたが、上尾市長は「葬儀は警察の警備を必要とするもので、このような催しは市民感情にそぐわない」などの理由で、福祉会館の使用を不許可としました。そこで、公共施設の使用を不許可としたのは、集会の自由を保障した憲法に反するなどとして、JR総連が訴えを起こした事件があります。

最高裁は、会場使用拒否の根拠となった上尾市の条例の「管理上支障があると認められるとき」という規定について「許可権者の主観だけでなく、客観的な事実により具体的に支障が予想される場合に初めて不許可にできると解釈すべき」と判断しました。その上で、葬儀が反対勢力の妨害により混乱するおそれはない状況にあったとし、上尾市長による使用の不許可は許容できないと判断しました。

つまり、集会の自由を制限するには、集会の結果、第三者の権利や利益が害される危険性があると客観的にいえる場合でなければならず、単に「問題が起こりそうだから」といった程度の理由で、公共施設を使用させないことは、集会の自由を侵害するものである、と最高裁は判断したということができます。

17 通信の秘密

なぜ通信の秘密が認められたのか

憲法21条2項後段は、「通信の秘密は、これを侵してはならない」と規定しています。通信とは、特定人との間の情報のやり取りのことをいいます。たとえば、友人と手紙のやり取りをするについて、その内容はもちろん、誰と誰が手紙のやり取りをしたかについても探索されないことを意味します。

通信の秘密は、表現の自由と同じ21条の中で保障されています。日本国憲法の成立当初は、非公開の状態における表現の自由を保障する趣旨であったといわれています。しかし現在では、プライバシー権の保障のひとつとも考えられています。

通信技術が発達し、郵便だけでなく、電話やFAX、電子メールなどにより、特定人との間で情報をやり取りできるようになりました。通信の秘密における「通信」には、特定人との間で情報をやり取りするすべての方法が含まれます。

郵便法や電気通信事業法により、検閲や秘密漏えいの禁止が規定されています。従来は、郵便事業者も電気通信事業者も国営であったため、これらの規定は憲法21条2項の確認規定と解されていました。しかし現在では、郵便事業者も電気通信業者も民間企業であるため、各事業者は郵便法や電気通信事業法に基づき義務が課されていると解されています。

通信傍受法との関係

通信の秘密を「侵してはならない」とは、絶対的禁止を規定しているわけではありません。たとえば、警察官が、被疑者の

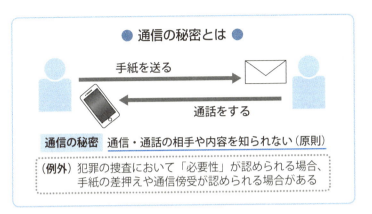

住居を捜索しているときに、その被疑者宛の手紙が送られてきたとします。警察官は、その手紙が被疑事件に関係あると判断すれば、その手紙を差し押さえることができます。

このような捜査活動について、通信の秘密との関連で議論されたのが「通信傍受」の許容性です。通信傍受は、当事者に知られることなく、通信内容（電話の会話内容など）を把握するもので、当事者の意思に反していることから、強制捜査（個人の意思を制圧するような捜査）にあたると解されます。

そして、強制捜査をするには法律の定めが必要ですが、通信傍受について、従来は、これを認める法律の定めがなかったことから、通信傍受は許されるかが議論されていました。

1999年に通信傍受法が制定され、この法律に基づき、一定の犯罪の捜査について、必要性が認められるときに、裁判官の発する令状により、通信傍受ができるようになりました。もっとも、通信傍受法によっても事前の通知はなされず、無関係の会話を傍受するおそれがあります。そのため、通信傍受法も違憲ではないかと問題視する見解もあります。

18 学問の自由

学問の自由とは

憲法23条は学問の自由を保障します。歴史を振り返ると、ガリレオが地動説を説き、有罪判決を受けたことなどのように、学問は政治に弾圧されることがたびたびありました。日本においても、滝川事件や天皇機関説事件など、学問が政治権力により圧力を受けた事件がありました。このような歴史的反省から、憲法23条により学問の自由が保障されました。

学問の自由も表現の自由も、究極的には、真理の探究を目的としています。表現の自由は、思想の自由市場を保障することで、真理の探究を保障しています。しかし、思想の自由市場を通じて探究された真理が、客観的な真理とは限りません。

一方、学問の自由における真理の探究は、学問分野における専門的な方法を用いて、理論や法則の正しさを検証するものです。ここでは学問的な真理が発見されることがあり、学問的に探究された真理は、思想の自由市場をより活発にします。このような特徴から、学問の自由は特別に保障されています。

学問の自由の内容

学問の自由の内容としては、研究の自由、研究発表の自由、教授の自由があります。たとえば、憲法学者として、憲法の研究をし（研究の自由）、その結果を学会で発表し（研究発表の自由）、学生に憲法の講義を行う（教授の自由）ことです。

大学は、学者の研究を支え、その成果を学生に伝授させることで次世代の学者を養成します。つまり、教授と研究は不可分

第2章 人　権

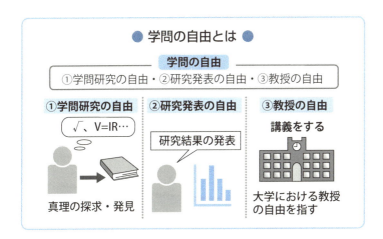

の関係にあるため、教授の自由も学問の自由で保障されています。

大学の自治とは

　学問の真理の探究を保障するためには、学問の世界に適した規律が必要となります。そして、創造的な学問研究は、特に大学において育まれてきました。そのため、学問の自由の保障の一環として、大学の自治が認められると解されています。

　大学の自治は、具体的には、研究者の人事の自治と、大学の施設や学生の管理の自治のことを指します。

大学の自治が問題となる場合

　警察官が情報収集のため、大学に無断で構内に立ち入っていたことが、大学の自治を侵害するかが問題となりました。最高裁は、警察官が立ち入っていた学生の集会が、真に学問的な研究やその発表といえず、実社会の政治的社会的活動にあたるため、その集会に大学の自治は及ばないと判断しました。

81

19 職業選択の自由・居住移転の自由

職業選択の自由とは

憲法22条1項は「何人も、公共の福祉に反しない限り、…職業選択の自由を有する」と規定し、職業選択の自由を保障しています。職業選択の自由は、財産権とともに、経済的自由権のひとつといわれています。

職業選択の自由の内容は、自ら職業を選択できる自由と、選択した職業を遂行する自由（営業の自由）とがあります。営業の自由が保障されているのは、選択された職業を遂行することが保障されていなければ、選択が保障されていないのに等しいといえるからです。

中世ヨーロッパの封建社会の下では、身分により職業が決められており（身分制）、職業選択の自由は保障されていませんでした。封建社会や身分制が崩壊することにより、各自がそれぞれ自由に職業を選択できるようになっていきました。

職業選択の自由も、個人の尊厳の保障において重要な意味をもちます。私たちの携わる仕事は、各人の人格形成や人生設計などに重要な影響を与えます。つまり、自律的な生活を実現するために、どのような職業に就き、どのような仕事をするかということは非常に重要な意味をもちます。

それだけでなく、職業選択の自由を保障することは、社会全体の利益を促進させる意味もあります。たとえば、ある身分の出身者でなければ、弁護士になれないとすると、弁護士はその身分集団の利益のみを実現する存在になるかもしれません。しかし、職業選択の自由が保障されることにより、身分などに関

第2章 人　権

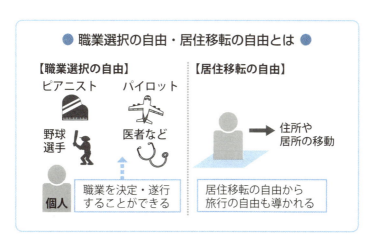

係なく、司法試験に合格すれば、誰でも弁護士になることができます。そうすると、刑事事件に精通している弁護士や、金融に詳しい弁護士など、様々な弁護士が誕生していきます。

このように、いろいろなタイプの弁護士が誕生することは、ある身分の出身者でなければ弁護士になれない場合と比べて、様々な利益を保護することができます。

職業選択の自由の制限について

職業選択の自由の保障が社会全体の利益を促進させるということは、社会全体の利益を理由とした規制に服することも意味します。職業選択の自由が保障されることにより、自由な経済活動が可能となりました。自由な経済活動は、経済発展を実現し、社会公共の利益を増大させました。

その反面、貧富の格差など社会公共に不利益となる現象も生じさせました。このように職業選択の自由のあり方は、私たちの社会に大きな影響を与えます。そのため、職業選択の自由も

公共の福祉による制限を受けます。しかも、精神的自由より広範な制限を受けます（二重の基準）。

職業選択の自由の制限には、2つの目的があります。1つ目が消極目的規制です。これは、国民の生命、身体の安全を確保することを目的とした規制のことです。2つ目が積極目的規制です。これは、社会経済政策のための規制のことです。

一般的に、消極目的規制は、その合憲性を比較的厳格に判断しなければならないのに対し、積極目的規制は、その合憲性を緩やかに判断することができると解されています。

職業選択の自由が問題となる場合

たとえば、小売商業特別処置法という法律は、10以上の小売店が同一建物内で販売をする小売市場の開設について、都道府県知事の許可を必要としていました。つまり、小売商業特別処置法は、都道府県の許可を得なければ、小売市場という業務を行うことを禁止していたのです。これが職業選択の自由の侵害とならないかが問題となった事件がありました。

最高裁は、上記の小売市場の開設に関する許可制は、経済的基盤の弱い小売商を保護するための積極目的規制であるとし、立法府が裁量権を逸脱し、著しく不合理であることが明白とはいえないため、合憲と判断しました。

一方、旧薬事法（医薬品医療機器等法）は、薬局の開設条件のひとつとして、既存の薬局から一定距離があることを要件としていました。この距離制限規制が職業選択の自由を制約しないかが問題となりました。最高裁は、薬局の距離制限規制は不良医薬品の供給や医薬品濫用の危険を防止するという消極目的規制であるため、合憲性を比較的厳格に判断するとしました。

84

その上で、不良医薬品から国民を守るという目的は、距離制限規制より緩やかな規制（行政機関による監督など）でも達成できるため、距離制限規定は違憲と判断しました。

居住移転の自由とは

憲法22条1項は、居住移転の自由を保障しています。自ら好むところを居住場所と決め、そこに住むことを保障するものです。また、憲法22条2項は、外国に移住する自由と国籍を離脱する自由を保障しています。封建社会の下では、身分制により住む場所が決定されていましたが、その崩壊にともない、自ら好きな所に移転し、居住できるようになっていきました。

居住移転の自由は、職業選択の自由と同じ憲法22条で保障していますが、現在は精神的自由の側面が大きいといえます。好きな地域に移転し、居住することや、自らが好む国籍に変更することは、自ら欲する思想などに接する前提となります。これらの自由は個人の尊厳にとっても非常に重要といえるでしょう。

どんな場合に問題になるのか

旅券法の規定によれば、外務大臣は、一般旅券（パスポート）の発給を受けようとする者が、著しくかつ直接に日本の利益や公安を害する行為を行うおそれがあることに相当の理由がある場合、一般旅券の発給をしないことができます。海外旅行をする者が、これに該当すると海外旅行ができなくなるため、旅券法の規定が憲法22条に反しないかが問題となりました。

最高裁は、外国へ一時旅行をする自由は、外国に移住する自由に含まれるが、この自由も公共の福祉による制限を受けるので、旅券法の規定は憲法22条2項に反しないとしました。

20 財産権

なぜ財産権は保障されているのか

憲法29条は財産権を保障しています。財産権とは、財産的価値を有するすべての権利（不動産、動産、債権、株主権、知的財産権など）を意味します。

憲法29条は、1項で「財産権は、これを侵してはならない」と規定しているにもかかわらず、2項で「財産権の内容は、公共の福祉に適合するやうに、法律でこれを定める」と規定しています。2項により財産権の内容を法律で定めることができるのであれば、1項にいう財産権の侵害は想定できないようにも思われます。このような、一見矛盾するような規定がなされたのは、2つの考え方が根底にあるからだといわれています。

1つは、財産権は「個人に固有のものである」から保障すべきだとする考え方です。これは、個人の身体はその本人のもので、その本人の労働や活動により生じたものはその本人から生じたものなので、その本人のものとなるとする考え方です。

たとえば、Aさんの身体はAさんのものです。Aさんが畑を耕して収穫した野菜は、Aさんの労働により生じたものなので、Aさんから生じたものといえます。そのため、野菜はAさんのものとなります。これは1項の基礎となる考え方です。

もう1つは、財産権は「社会全体の利益になる」ため保障すべきだとする考え方です。先ほどの例では、Aさんが畑を耕して野菜を収穫しても、その野菜は自然のものであり、これがどのような社会や時代でもAさんのものになる、というような自然法（不変の法）は存在しないと考えます。このとき、野菜が

第2章 人　権

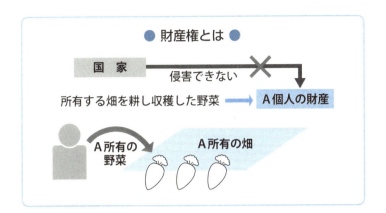

　Aさんのものとなるのは、「自分の畑で栽培された野菜は、その畑の所有者のものとなる」という社会共通のルールがある場合に限ると考えます。つまり、財産権について社会共通のルールがあれば、それに従うことがその社会に所属する人にとって利益となり、社会全体の利益ともなることから、財産権は保障すべきだと考えます。これは2項の基礎となる考え方です。

　もっとも、2つの考え方は必ずしも矛盾するものではありません。財産権を個人固有のものとする考え方は、個人の自律的な生活を支える考え方といえます。そして、現代の複雑化した経済社会では、共通のルールが定められなければ、財産権の保障も不十分なものになります。憲法29条1項と2項は、このような考え方を基礎としていると解されています。

財産権の制限について

　財産権は職業選択の自由とともに、経済的自由権のひとつとして扱われています。そのため、財産権の制限については、職業選択の自由と同じような制限がなされます。ここでは財産権

が争われた有名な事件を見ておきましょう。

　民法256条1項は、「各共有者は、いつでも共有物の分割を請求できる」と規定しています。しかし、森林法の規定が持分価格2分の1以下の共有者による森林の分割請求を禁止し、民法256条1項の適用を排除していました。そこで、森林法の規定が共有物分割請求権の行使を制限しており、憲法29条に反しないかが争われました。最高裁は、森林法の規定の立法目的は森林経営の安定などにあるが、この目的達成のために民法256条1項の適用を排除することは、必要な限度を超えた不必要な規制であるとし、憲法29条に反すると判断しました。

損失補償の問題

　憲法29条3項は、「私有財産は、正当な補償の下に、これを公共のために用ひることができる」と規定しています。たとえば、新たに国道を建設するときの工事費などは、税金から負担されます。税金は国民から公平に徴収した国の財産ですから、国道の建設場所が誰の所有地でもなければ、国民が公共のために公平に損失を負担して、国道を建設しているといえます。

　しかし、国道の建設場所がAさん所有の土地である場合は、Aさんだけが「土地の所有権を失う」という大きな損失を強いられることになります。そこで、税金からAさんに土地代が支払われることで、Aさんも含めた国民全員の損失を公平なものとすることができます。このように、損失を公平に負担する趣旨で、憲法29条3項は損失補償を規定しています。

　損失補償の趣旨が損失の公平な分担にあるとすると、損失補償をすべき場合とは、損失が公平でない場合、つまり特別の犠牲がある場合といえます。特別の犠牲があるか否かは、①侵害

行為が特定の人を対象とするか否か、②侵害が社会的制約として許容すべきものか否かにより判断されます。

損失補償は財産権に関するものですが、生命や身体に対する損失にも適用できないかが議論されています。たとえば、予防接種が原因で子供が死亡したとします。そして、担当医師は問診も適切に行っているなど、死亡当時の医療水準では、子供が予防接種によって死亡に至ることが事前に予想できなかったとします。そうすると、過失が認められずに民法上の不法行為責任（民法709条）を追及できない可能性があります。

しかし、子供の死亡に対して何ら救済がないのは妥当とはいえないでしょう。もっとも、生命や身体の侵害に損失補償を認めるのは、国民の生命や身体を公共の利益のために犠牲にすることを認めるに等しいとの批判があります。この予防接種禍と呼ばれる問題は、今日も議論され続けています。

裁判所はどのように判断するのか

憲法29条3項の「正当な補償」とは、どのような補償をいうのでしょうか。現在の経済状態を前提に、合理的に算出された相当な額とする考え方もあります（相当補償説）。一方、最高裁の中には、土地収用法に基づく収用について、収用の前後を通じて、被収用者の財産価値が等しくなるよう補償をすべきと判断したケースがあります（完全補償説）。

また、損失補償に関する規定がない法令を、憲法29条3項に反して違憲と判断すべきかが問題になります。最高裁は、法令に損失補償に関する規定がなくても、憲法29条3項を根拠に損失補償請求ができるので、その法令は憲法違反とならないと判断しています。

21 人身の自由

人身の自由とは

憲法18条は人身の自由を保障しています。人身の自由は、すべての憲法上の人権保障を享有するための前提となります。

たとえば、奴隷として拘束されている人に、職業選択の自由は保障されないでしょう。また、自由に発言することや、主人を否定する思想を有することも保障されないでしょう。このように、人身の自由の否定は個人の尊厳の否定に直結することから、人身の自由は、すべての憲法上の人権保障を享有するための前提になる権利として、非常に重要なものといえます。

人身の自由の内容

憲法18条前段は、「何人も、いかなる奴隷的拘束も受けない」と規定しています。奴隷的拘束とは、封建社会において存在していた奴隷制のような身体の拘束（人身売買など）のことを意味し、これを絶対的に禁止するのが憲法18条前段であると解されています。したがって、本人が同意して奴隷となったとしても、それは奴隷的拘束として禁止されます。

憲法18条後段は、「何人も、…犯罪による処罰の場合を除いては、その意に反する苦役に服させられない」と規定しています。「意に反する苦役」とは、本人の意思に反する強制的な労役のことをいいます。たとえば、徴兵制は、本人の意思に関係なく、一定の年齢などの要件を充たすと、強制的に兵役を課すものなので、「意に反する苦役」にあたるでしょう。

どんな場合に問題になるのか

憲法18条は私人間にも直接適用されます。これは、個人の尊厳を保障するための前提となるものであり、私人間にも直接適用されないと意味をなさないからです。

人身の自由に関しては、裁判員法（裁判員の参加する刑事裁判に関する法律）に基づく裁判員制度が憲法18条後段に反しないかが問題となりました。

裁判員制度とは、国民の中から選任された裁判員が、裁判官とともに刑事手続に関与する制度です。選出された裁判員は、一定の欠格事由や不適格事由に該当するか、辞退が認められなければ、裁判員としての職務を拒否することができません。そこで、裁判員制度が憲法18条後段の「意に反する苦役」にあたらないかが問題となりました。

最高裁は、裁判員としての職務は、参政権と同様の権限を国民に付与するものであること、辞退に関して柔軟な制度を設けていることなどから、「意に反する苦役」にあたらないと判断しました。

22 刑事手続の保障

適正手続の保障とは

憲法31条は、「何人も、法律の定める手続によらなければ、その生命若しくは自由を奪はれ、又はその他の刑罰を科せられない」と規定しています。これが適正手続の保障です。なぜ適正手続の保障が要請されるのでしょうか。

適正手続が実体的真実発見（真相を究明すること）に資するから、その保障が要請されるといわれることがあります。しかし、適正手続を保障しても実体的真実発見が保障されるとは限りません。そのため、実体的真実発見は適正手続の要請の理由としては説得力に欠けるでしょう。

適正手続の保障が要請される理由は、適正手続が個人の尊厳の保障や公共の福祉の促進に資するからだと考えられます。

たとえば、無罪の人が、違法な手続により有罪とされた場合と、適法な手続により有罪とされた場合とを比べてみましょう。違法な手続により有罪とされることは、本来あってはならないことですが、裁判官も人間であり、どのような制度でも冤罪の可能性をゼロにはできないことからすると、起こる可能性のあるリスクのひとつです。

それでも、適正手続をとっていることは、少なくとも審理において人としての権利は保障されたといえます。しかし、違法な手続により有罪とされた人は、審理においても人としての権利すら十分に保障されず、さらに無罪であるのに有罪とされたといえます。これは、個人の尊厳を否定するものであるため、適正手続の保障は個人の尊厳に資する（個人の尊厳を保障する

第2章　人　権

● 刑事手続の保障 ●

適正手続の保障 ➡ おもに刑事手続の保障に関する規定
特に「告知」と「聴聞」が重要

【告知】 刑罰（不利益）を科すことを
あらかじめ伝える

国　家　→　個人

【聴聞】 弁解の機会を保障しなければ
ならない

ためには適正手続が必要である）ものといえます。

　また、捜査や裁判について、どのような制度を用いても、有罪・無罪の判断を絶対に誤らないことは不可能でしょう。罪を逃れたい一心で他人に罪をなすりつける自白などを完全に見破ることは難しいと思われます。完全に間違いのない真実を発見する制度を作ることが不可能であれば、人権が保障された手続を作った方が、社会全体の利益になります。そのため、適正手続の保障は、公共の利益に資するものともいえます。以上のような理由から、適正手続の保障が要請されています。

　憲法31条の条文を見ると、手続を法律で定めていればよいようにも見えます。しかし、どのような場合に刑罰を科せられるかを事前に知らせ、被告人に弁解の機会を与えること（告知と聴聞）が、個人の尊厳や公共の利益に資するといえます。

　また、法定された手続が人権を侵害するものであれば、個人の尊厳や公共の利益の促進になりません。そのため、憲法31条は手続だけでなく、刑罰の成立要件（実体）を定める法律も、その内容が適正であることも要請されます。

刑事手続についての保障

憲法31条の保障内容として重要なのは、事前の告知と聴聞の機会を与えることでしょう。権利が剥奪される（刑罰が科される）前に、その旨（刑罰の内容）が伝えられ（告知）、弁解する機会が与えられること（聴聞）が重要です。

憲法31条は「刑罰を科せられない」と規定していることから、直接的には刑事手続に関する条文であるといえます。

もっとも、憲法31条は「生命若しくは自由」などの権利が剥奪されるときに、適正手続をとることを要請するもので、この趣旨は行政手続にも及びます。最高裁も、手続が刑事手続ではないとの理由のみで、憲法31条による保障の枠外にあると判断することは相当ではないと判断しています。

被疑者の権利

犯罪を行った疑いのある者は逮捕され、さらに捜査の必要性や逃亡のおそれがあれば、逮捕に続けて勾留されることがあります。また、家や所持品などに対して、捜索・差押えがなされることもあります。これらの過程において、被疑者（犯罪を行ったと疑われ、捜査の対象であるが、まだ起訴されていない者）の権利を保障するための規定が憲法にあります。

まず、被疑者は、現行犯逮捕の場合を除いて、権限を有する司法官憲（裁判所）が発し、かつ理由となっている犯罪を明示する令状によらなければ、逮捕されません（33条）。これは、正当な理由による逮捕を保障するものといえます。

次に、被疑者は、抑留または拘禁（逮捕・勾留）について、理由の告知と弁護人（弁護士）に依頼する権利（弁護人依頼権）が保障されています（34条）。これは、逮捕・勾留により

身柄を拘束される場合には、その理由の告知を受ける権利と、弁護人に自分の弁護を依頼する権利を保障するものです。

また、捜索・押収（差押え）に関しては、現行犯逮捕の場合を除いて、正当な理由に基づき、捜索場所や押収物を特定した令状によることが保障されています（35条）。これは、正当な理由によらない捜索・押収を受けない権利を保障するものです。

そして、逮捕・勾留中の取調べにおいて、自己に不利益な供述を強要されることはありません（38条1項）。さらに、拷問されないことも保障されています（36条）。

被告人の権利

被疑者は起訴されると被告人になります。裁判所の審理を経て、犯罪事実について判断（判決）がなされます。この刑事手続において、被告人に次のような権利を保障しています。

まず、憲法37条は、公平で迅速な公開裁判を受ける権利、証人審問権（証人に対して質問をする権利）、弁護人依頼権を被告人に保障しています。

次に、憲法38条は、黙秘権、任意性のない自白を証拠として認めないこと、本人の自白のみで有罪とされないことを被告人に保障しています。また、被告人に対しても拷問されないことを保障しています（36条）。

そして、判決に関連して、残虐な刑罰が科されることはありません（36条）。また、行為時に適法であったことを後から違法とされたり、有罪や無罪の判決の確定後は同一の事件について再び審理されることもありません（39条）。抑留や拘禁の後に無罪が確定すると、刑事補償を求めることができます（40条）。

23 生存権

生存権とは

　憲法25条は、1項で「すべて国民は、健康で文化的な最低限度の生活を営む権利を有する」と規定し、2項で「国は、すべての生活部面について、社会福祉、社会保障及び公衆衛生の向上及び増進に努めなければならない」と規定しています。これが生存権の保障に関する規定です。

　近代憲法は、自由主義を主たる目的としていました。しかし、自由主義社会は、貧富の格差を生み、福祉国家が望まれるようになりました。このような歴史的な経験をもとに、生存権が憲法上保障されるようになりました。

　以上の歴史的経緯は、経済的自由権の項目でも触れました。しかし、経済的自由権と生存権では異なるところがあります。それは、経済的自由権は、その活動を国家により制限されない点に特徴があるのに対し、生存権は、社会経済的な弱者を救済するために国家による給付が要請される点に特徴があることから、社会権を代表する権利といわれています。

　社会権も自由権も個人の尊厳を保障し、社会公共の利益を増大させるために規定されています。しかし、社会権と自由権は、衝突をすることがあります。

　たとえば、AさんとBさんがパン屋さんを出店したとします。Aさんは経営がうまくいき、Bさんは経営がうまくいきませんでした。その結果、Aさんはお金持ちになり、Bさんは貧乏になりました。自由権を保障すれば、結果として不平等が生じるのは仕方がないことになります。しかし、社会権は、この結果

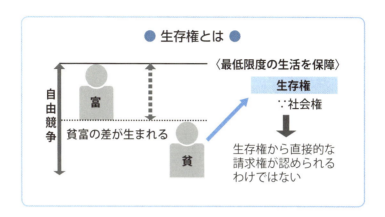

の不平等を是正することを目的としています。このとき、自由権と社会権は衝突します。

Bさんが人として生存することも困難となるほどの貧困に陥れば、国家による救済が必要といえるでしょう。しかし、AさんとBさんをまったくの平等とすると、Aさんに不利益を及ぼすことになります。このような世の中では、人は努力をし、夢を実現したり、社会に貢献しようとしなくなるかもしれません。

生存権を実現するための法律や制度が必要

では、どのような不平等が生じれば、国家による救済が必要となるのでしょうか。これに関しては、その国家の社会情勢や財政状況、国民の意識など、多岐にわたる困難な政治問題といえます。そのため、第1次的には、最も強い民主的コントロールが及んでいる国会（立法機関）が判断すべきでしょう。後述するように、生存権は具体的権利でなく、これを実現するには生活保護法などの法律や制度が必要であると解されているからです。

どんな場合に何を請求できるのか

　生存権を実現するには法律や制度が必要になることから、生存権の規定は国政のプログラムを規定したに過ぎず、国家は憲法25条によって法的義務を負わず、政治的・道徳的義務を負うにすぎないとの主張がなされることがあります。これをプログラム規定説と呼ぶことがあります。

　たしかに、生存権の内容である「健康で文化的な最低限度の生活を営む権利」は抽象的であって、この文言からは、どの程度の保障が必要となるかは判断できません。しかし、その時の社会情勢や経済状態を考慮すれば、「健康で文化的な最低限度の生活を営む権利」の内容は、ある程度具体的に判断することが可能であるといえるでしょう。

　そのため、憲法25条1項は、生存権の保障について、国家に対して具体的な法律を制定する義務（抽象的義務）を課していると解されています。そして、国会が生存権を実現する具体的な法律を制定した場合、憲法25条1項は、その法律を解釈する基準として機能します。

　さらに、生存権を実現する具体的な法律が制定されていない場合に、憲法25条1項を根拠として、立法不作為の違憲確認を求めることができるのかが問題となります。これを認めるべきとする見解もあって、具体的権利説と呼ばれています。

　しかし、ある時代の社会情勢や経済状態を考慮すれば、生存権の内容をある程度具体化できるとしても、憲法25条1項を直接の根拠として請求できるほどに具体化するのは困難だといえるでしょう。そこで、憲法25条1項は、国家に対して上記の抽象的義務を課することはできるとしても、これを根拠として立法不作為の違憲確認を求めることはできないと解するのが

第2章 ■ 人　権

通説です。この見解を抽象的権利説と呼んでいます。

生存権に関する判例

　生活保護法に基づき生活扶助を受けていたが、この金額が健康で文化的な最低限度の生活水準を維持するに足りない違法なものであると争われた事件があります。この事件は、原告が死亡したため、最高裁は訴訟終了としましたが、「なお、念のため」として、次のような判断を示しました。

　つまり、憲法25条の規定は、直接個々の国民に対して具体的権利を付与したものではなく、憲法の規定の趣旨を実現するために制定された生活保護法によって、はじめて具体的権利が与えられるとしました。

　そして、何が健康で文化的な最低限度の生活であるかの認定判断は、厚生大臣（現在の厚生労働大臣）の裁量に委ねられているが、裁量権の限界を超えるか、裁量権を濫用した場合は司法審査の対象となるとしました。

　次に、障害福祉年金の受給者が、児童扶養手当の申請をしたところ、児童扶養手当と公的年金との併給を禁止する法律の規定があることから、申請が却下されたという事件があり、併給禁止規定が憲法25条に反するのではないかが争われました。

　最高裁は、憲法25条1項は、きわめて抽象的・相対的概念であるから、具体的にどのような立法措置を講ずるかの選択決定は、立法府（国会）の広い裁量に委ねられているため、裁量の逸脱・濫用となるような場合を除き、裁判所の審理判断の対象にならないとしました。その上で、上記の併給禁止規定は、憲法25条1項に反しないとしました。

24 教育を受ける権利

教育を受ける権利とは

　憲法26条1項は、教育を受ける権利を保障しています。教育は個人が自由かつ独立した人格を形成するために必要不可欠なものです。そのため、教育を受ける権利は、特に子どもが教育を受けて、人間的に発達・成長していくことを保障したものといえます。これを（子どもの）学習権といいます。

　憲法26条2項は、「すべて国民は、法律の定めるところにより、その保護する子女に普通教育を受けさせる義務を負ふ」と規定しています。これは、親など子どもの教育を受ける権利を確保すべき者に普通教育を受けさせる義務を、国に教育基本法などにより公教育の整備義務を、それぞれ課した規定です。具体的には、教育基本法に基づき、小・中学校が義務教育制度として設置されています。

　公教育を設営・整備する趣旨は、社会公共の利益を促進させるためです。社会を形成するためには、国民が自由かつ独立した人格を形成することが重要です。全国的に内容の均一性がとれた教育が普及していることは、多くの国民の自由かつ独立した人格形成に役立つといえます。そのため、公教育の設営・整備は、社会公共の利益を促進させるものといえます。

教育権の所在について

　公教育が整備されている状況の中、子どもの教育権は、国が有するのか、国民が有するのかが議論されてきました。

　国家教育権説は、教育内容は、国民の代表である国会により

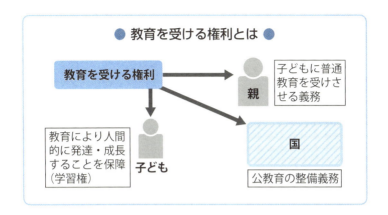

法律を制定することで決定されるものだと解しています。

国民教育権説は、親が教育の自由を有し、親から信託を受けた教師を中心として教育内容を決定すると解しています。

教育権の所在に関しては、文部省（現在の文部科学省）による全国一斉学力テストの実施が教育基本法に反し違法ではないかが争われた事件があります。もし教育権が国民にあるのであれば、国が強制する学力テストをすることは教育権の侵害にあたるため、教育権の所在が問題となりました。

最高裁は、上記のどちらの説も極端で一方的であるとし、国民に一定の教育権があることを認めつつ、国にも教育権があることから、全国一斉学力テストは違法でないと判断しました。

義務教育の無償について

憲法 26 条 2 項は、「義務教育は、これを無償とする」と規定しています。ここでの「無償」の意味について、最高裁は、教育提供に対する授業料の無償を意味すると解しています。現在、小中学校の教科書代は法律によって無償化されています。

25 労働基本権

勤労の権利とは

憲法27条1項は、「すべて国民は、勤労の権利を有し、義務を負ふ」と規定しています。勤労の権利は、勤労の機会と雇用保険制度の法整備を国家に要請する抽象的権利と解されています。もっとも、具体的な立法がなされた場合には、憲法27条1項は、その立法を解釈する基準として機能します。

勤労の権利は私人間に直接適用されます。使用者による解雇権の濫用を禁止する労働契約法の規定の解釈など、不当に解雇されない権利として機能します。

また、憲法27条1項は、勤労の義務も規定しています。この規定は、国民に対し直接法的な義務を負わせるものではなく、勤労能力を有しながら勤労の意思のない者には福祉的給付が与えられない、ということを意味するものです。

憲法27条2項は、「賃金、就業時間、休息その他の勤労条件に関する基準は、法律でこれを定める」と規定しています。この規定は、契約自由の原則（契約内容などを自由に決めることができる原則）を憲法上修正したものであって、この規定に基づき労働基準法などの労働法が規定されています。

労働基本権とは

憲法28条は、「勤労者の団結する権利及び団体交渉その他の団体行動をする権利は、これを保障する」と規定しています。これが、労働基本権の規定です。「勤労者」（労働者）とは、「職業の種類を問わず、賃金、給料その他これに準ずる収入に

第2章 人　権

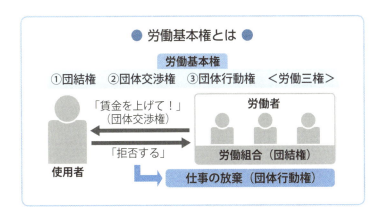

よって生活する者」をいいます（労働組合法3条）。

　勤労は、自律的な人格として発展していくために必要不可欠なものです。そのため、労働基本権は個人の尊厳の保障に資するものといえます。

　また、一般に勤労者は使用者よりも弱い立場にあります。特に働きたい人が多数いるのに、雇う会社が少ない場合、劣悪な環境を提示されても甘んじて受け入れてしまいかねません。劣悪な環境下での労働は、勤労者の人権侵害だけでなく、労働生産性が低下するなど、社会全体の不利益にもつながります。そのため、勤労者の権利が保障された環境下で業務をまっとうできることは、経済や社会の発展に資するものといえます。

労働基本権の中身

　労働基本権は、団結権、団体交渉権、団体行動権から構成されます。これらを労働三権といいます。

　団結権とは、労働者が自らの権利を守るための団体（労働組合など）を組織する権利をいいます。

団体交渉権とは、労働者の団体が使用者と労働条件などについて交渉する権利をいいます。使用者が正当な理由なく団体交渉を拒むことは許されません。

団体行動権とは、争議権など労働条件の交渉のため、労働者が団体で行動する権利をいいます。ストライキやサボタージュ（怠業）などがこれにあたります。

労働基本権の性格

労働基本権は、社会的弱者である労働者を保護するため、私的自治の原則を修正し、国家が社会へ積極的に介入することを内容とするものであることから、社会権のひとつと考えられています。労働組合法7条の不当労働行為の規定は、労働基本権の社会権としての側面の表れといえるでしょう。

もっとも、労働基本権は自由権的側面も備えています。大日本帝国憲法の下では、労働者が団結し使用者と労働条件について交渉することは、経営者が共謀して商品の価格をつり上げるのと同視され、刑事罰の対象でした。そこで、労働基本権の行使において、国家の介入を排除することが要請されました。具体的には、労働組合法1条2項が刑事免責を規定しており、これが労働基本権の自由権的側面の表れといえるでしょう。

また、労働基本権は私人間にも直接適用されると解されています。労働基本権は、原則的には私人である使用者との関係で問題となるからです。労働組合法8条は民事免責について規定しています。この規定は、労働基本権が私人間に直接適用される趣旨の規定であると解されています。

このように、労働基本権は複合的な性格を有しています。

第2章 ■ 人　権

どんな場合に問題になるか

　たとえば、市議会議員選挙において、組合員から統一候補を出すとしている組合がありました。その組合員で統一候補にならなかった者が、市議会議員選挙に立候補した際に、組合が立候補を取りやめるよう組合員に圧力をかけた事件があります。

　労働基本権により団結権が保障されることに対応して、その団体を維持するために統制権が認められます。しかし、組合の統制権をもって、立候補の自由（15条1項）を制約することは許されないのではないかが問題となります。

　最高裁は、統制権は労働組合の目的を達成するために行使されるべきであり、立候補を思いとどまるよう説得するなどは許されるが、これに従わなかったことを理由として処分することは統制権の限界を越えて許されないと判断しました。

公務員の労働基本権

　公務員の労働基本権は、よく問題となってきました。たとえば、自衛官や警察官は労働三権すべてが否定されています。公務員も勤労者にあたりますが、公務員の職務の公共性を考慮すると、労働基本権のすべてを認めることはできないでしょう。

　たとえば、農林省（現在の農林水産省）の職員で組織する全農林労働組合の組合員が、警察官職務執行法改正への反対運動をしきりに推進したことから、国家公務員法違反によって起訴されました。ここで国家公務員法の規定が公務員の労働基本権を侵害しないかが問題となりました。最高裁は、公務員の職務の公共性、勤務条件は法律と予算で決まること、私企業のような市場の抑止力がないこと、人事院をはじめとした代償措置があることを理由に、国家公務員法の規定を合憲としました。

105

26 人権を確保するための基本権

受益権とは

受益権（国務請求権）は、人権を確保するための基本権といわれています。国民が国家に対して、行為を要求し、その設備を利用し、給付を要求することは、人権を実質的に確保する上で重要なものといえるでしょう。

その内容としては、請願権、裁判を受ける権利、国家賠償請求権、刑事補償請求権があります。

請願権

憲法 16 条は請願権を保障しています。請願権は、国家に対し一定の行為をするよう求めるものをいいます。たとえば、ある法律改正に向けて、署名を求め、国会に提出する行為がこれにあたります。そのため、請願権は、参政権としての性質も有しています。

請願権を行使しても、国家機関は何も法的義務を負いません。そのため、法律改正の署名を受け取ったとしても、必ず署名に従った改正をしなければならないわけではありません。

どんな場面で問題になるのか

地方公共団体が署名に対し、署名者に個別に質問調査を行った事件について、質問調査の目的が対立意見の抑圧という不当なものであり、このような質問調査は請願権を侵害するものであると判断した裁判例（最高裁判所以外の裁判所の判決例）があります。

第2章 人　権

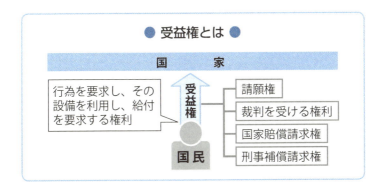

裁判を受ける権利

　憲法 32 条は、裁判所において裁判を受ける権利を保障しています。裁判を受ける権利は、個人の権利が侵害されたときに、国家権力を用いて救済を図ることができ、権利・自由の保障として重要な意味を有しています。また、裁判を受ける権利を保障することにより、自力救済を禁止することができ、社会公共の利益を促進することもできます。

　さらに、憲法 32 条とあわせて、司法権の独立（裁判所が他の機関から圧力を受けないこと）や裁判の公開（82 条）などの規定により、公正・中立な裁判を保障しようとしています。

　これら憲法の規定に基づき、民事訴訟法、刑事訴訟法、行政事件訴訟法は、それぞれ、民事訴訟、刑事訴訟、行政訴訟を規定しています。

どんな場面で問題になるのか

　判決に影響を及ぼすことが明らかな法令の違反があることを理由とする上告が認められないことは、裁判を受ける権利を侵害するものであると争われた事件があります。最高裁は、上告

理由をどのように定めるかは、立法政策の問題であるから、憲法32条に反しないと判断しました。

裁判の公開

憲法82条は、裁判の公開を保障しています。これは、裁判の手続を公開し、国民の目にさらすことで、裁判の公正と国民の信頼を確保するために保障されています。

もっとも、裁判官の全員一致があれば、対審（民事訴訟でいう口頭弁論、刑事訴訟でいう公判手続）については、公開しないことができる場合があります（82条2項）。

どんな場面で問題になるのか

裁判所において、法的規制の研究のためメモを取ることを裁判長に許可を求めましたが、裁判長が許可を与えなかった事件がありました。裁判を妨害する危険性がないにもかかわらず、メモを取ることを禁止するのは、裁判の公開原則に反するのではないかが問題となりました。最高裁は、憲法82条は、法廷でメモを取る権利（筆記行為の自由）は尊重すべきであるが、保障されているとまではいえないとし、メモを取る許可を与えなくても憲法82条に反しないと判断しました。

国家賠償請求権

憲法17条は、公務員による不法行為について、国または公共団体に対して損害賠償請求ができると規定しています。この規定に基づき、国家賠償法が制定されています。

実は立憲主義国家においても、国家賠償請求権は長く認められていませんでした。これを国家無答責の原則といいます。そ

第2章　人　権

の場合、国家の非権力的作用（強制力をともなわない行為のこと）について民法による不法行為が認められる余地があるだけでした。憲法により国家賠償請求権を明示したことは、国家賠償の法制のあり方を検討する上で重要な意義をもっています。

どんな場面で問題になるのか

　以前郵便局は国営でした。郵便法は、書留郵便物を毀損した場合の損害賠償の金額を一定額またはそれ以下の額とし、請求権者を差出人とその承諾を得た受取人としていました。つまり、郵便局員が故意や重過失（著しい不注意）で書留郵便を毀損しても、請求権者に対する損害賠償責任は制限され、請求権者以外の人に対する責任は免除されていたのです。

　最高裁は、安く公平な郵便制度の設営という正当な目的があるとしても、故意または重過失の場合にまで免責するのは憲法17条に反し違憲であると判断しました。

刑事補償請求権

　憲法40条は、「抑留又は拘禁された後、無罪の裁判を受けた」者について、補償請求ができると規定しています。無実の人が捜査の対象となることを完全に防ぐことは不可能であることから、刑事補償請求権を規定しました。

どんな場面で問題になるのか

　抑留（逮捕）や拘禁（勾留）の後、不起訴になった事実について、刑事補償請求ができるか問題となりました。最高裁は、実質上無罪となった事実についての抑留や拘禁と認められる場合は、刑事補償請求ができると判断しました。

109

Column

忘れられる権利

　インターネットの検索エンジンを用いて自己の名を検索すると、逮捕歴に関する情報が表示されることに対して、サイトの管理会社に対して削除を求める訴訟が提起されました。この訴訟を契機として、過去の犯罪履歴（前科）に関する情報について、一定程度の期間が経過した後に、社会一般から「忘れられる権利」の有無が問題になりました。

　第一審では、「忘れられる権利」を認めて、犯罪履歴に関する情報の削除請求が認められる旨の判断が示されました。これに対して、第二審では、「忘れられる権利」については、法律の根拠がないため、権利として認めることができないとして否定する一方で、犯罪履歴に関する情報は「公共の利害に関する情報」であることを理由に、削除請求を認めない旨の判断を示しました。最高裁は、「忘れられる権利」について特に言及することもなく、犯罪履歴に関する情報を、個人の「プライバシー」に関する情報として、表現の自由と比較して明らかにプライバシー保護が優越する場合に、削除請求が認められるという判断を示しました。

　一般に、憲法に規定がない権利を、新しい人権として認めることには、従来から慎重な姿勢がとられています。しかし「忘れられる権利」は、「プライバシー権」の範疇として捉えることができます。つまり、プライバシー権は「私生活をみだりに公開されない権利」であるとともに、自己に関する情報をコントロールする権利（情報プライバシー権）としての側面が重要視されています。そのため、自己の犯罪履歴に関する情報の抹消請求も、プライバシー権に基づく請求として行使することができると考えることができます。

第3章

統治機構

1 統治機構と国民主権、権力分立

統治は人権を保障するための制度

憲法には人権と統治機構の分野があります。人権の分野は基本的人権についての規定があります。統治機構の分野は国家構成の基本を規定しています。たとえば、主権は国民にあるのか君主にあるのか、権力分立なのか権力集中なのかなど、国家が統治権を実現するしくみの基本を規定しています。

なぜこのような規定が憲法でなされているのでしょうか。憲法は個人の尊厳の保障を究極の目的としています。そして、国家が国民の基本的人権を侵害しないようにするため、国家の統治権の実現に関するルールを設けたのが憲法です。そのため、統治機構の定めは人権を保障するための制度だといえます。

基本は国民主権と権力分立

憲法は、個人の尊厳を最も重要な価値としているため、人権保障は憲法が果たす重要な目的といえます。そして、人権保障のためには、人権の主体である国民に主権がなければならないため、統治機構の基本に国民主権が考えられています。

また、権力が君主に集中している国家においては、たとえ人権侵害が行われても抑制する機能がありません。そこで、人権保障のためには、権力分立がなされている必要があります。

国民主権とは

国民主権は、国政のあり方を最終的に決定する力が国民にあることをいいます。ある法律を制定するとき、国民全員で決定

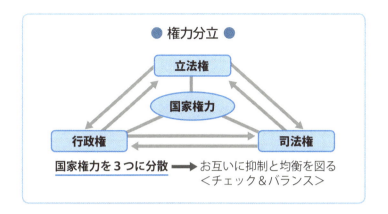

すれば、全員その法律に従うでしょう。そして、国民が選んだ代表者が法律を制定した場合も、同様に従うでしょう。国民主権はそのような法律の決定権を国民が行使するという内容（権力的契機といいます）をもっています。

一方、国民の代表者が制定した法律に、国民は従わなければなりません。それは、国民自身が決めたことと同視できるからです。国民主権には、そのような法律の正当性の根拠が国民にあるという内容（正当性の契機といいます）も含んでいます。

権力分立とは

国家の統治権は、立法権・行政権・司法権の3つがあります。権力分立は、国家の統治権を同じ機関に集中させず（異なる統治機構に担当させる）、不当な権力が行使されないようにする原理です。

権力分立の原理は、モンテスキューが「法の精神」で示すことにより広まりました。現在では、世界の多くの国の憲法で、権力分立は統治の基本原理として受け入れられています。

なぜ権力分立が大切なのか

たとえば、ある機関に立法権と行政権が集中したとしましょう。そうすると、人権を侵害する法律を制定し、それを執行することが可能になってしまいます。また、司法権と立法権が同じ機関に集中したとしましょう。そうすると、人権を侵害する法律を制定し、それに基づき裁判される危険性が生じます。

このように、法律の適正な執行を保障するためには、権力分立が十分になされている必要があります。

また、立法権、行政権、司法権を異なる機関に担当させるだけでなく、それぞれの権力が他の権力を抑制（監視）することが認められるなど、均衡がとれている必要があります。

権力分立は、統治機構にこのような相互監視の構造を持たせることにより、適正な法律の執行や法律の制定を行わせ、もって国民の自由・権利を保障しています。

権力分立の特質

まず、権力分立は、立法権・行政権・司法権のうち2つ以上が1つの機関に集中しない必要があります。そして、お互いに抑制均衡の関係にあることが必要です。

日本国憲法においては、立法権を国会、行政権を内閣、司法権を裁判所が担うと規定しています。国会は、内閣に対して内閣総理大臣の指名権や、内閣不信任決議権などの権限を有しています。また、裁判所に対して弾劾裁判所の設置などの権限を有しています。内閣は、国会に対して衆議院の解散権などの権限を有し、裁判所に対して最高裁判所長官の指名権や最高裁判所裁判官の任命権などを有しています。裁判所は、国会や内閣に対して違憲審査権を有しています。

このように日本国憲法においては、それぞれの統治機構が抑制均衡の関係にあるといえます。

権力分立の現代的変容

日本国憲法では、立法機関である国会に所属する国会議員は国民の選挙によって選出されます。これは国民主権に基づく制度です。では、その立法機関が行政機関である内閣の解散権によって抑制される関係にあることは問題ないのでしょうか。

日本国憲法では議院内閣制がとられています。議院内閣制の下では、内閣は国会によって選出された者が行うため、内閣には民主的コントロールが及んでいるということができます。そのため、国会と内閣の抑制均衡が正当化されます。

もともと、国家は国民の活動に極力干渉しないことが要請されていました。しかし、現在では実質的な平等・権利を保障するため、国家が積極的に干渉することが要求されます。このような状況では、法を執行する行政機関の役割が増大します。そのため、行政機関が立法機関による法制定に大きな影響を及ぼす現象が生じます。これを行政国家現象といいます。

また、政党が発達してくると、国政の意思決定において重要な役割を果たすようになります。そうすると、議院内閣制の下では、内閣の構成員を国会の多数派、つまり与党が占めるようになります。そのため、国会と内閣の抑制均衡は緩やかなものとなります。そして、国会における与党と野党の対抗関係が重要なものとなってきます。これを政党国家の現象といいます。

このように、国政のあり方が変容することにより、権力分立のあり方も変容してきています。このような変容を前提に統治機構の関係をとらえる必要があります。

115

2 政　　党

政党とは

　政党は、政治的思想が一定の範囲で合致する人同士が、その政治的思想を達成するため集合した団体をいいます。政治的表現の自由が保障され、結社の自由が保障されることにより、政治の世界へ登場した団体であるといわれています。

政党はどんな役割をもつのか

　国会議員の選挙は、衆議院議員選挙と参議院議員選挙があります。それぞれの選挙について、自分の住んでいる地区から3人候補者が出たとしましょう。政党がない場合、候補者たちは当選するため、それぞれが考える政策を主張します。しかし、投票する国民の側からすると1人で合計6人分の政策を把握し、投票先を選択しなければなりません。この状況では、よほどの政治好きでもない限り、選挙に参加すること自体が嫌になるでしょう。

　ここで政党の存在が意義を有してきます。前述した選挙の例において、政党が3つあり、それぞれの政党から各選挙に1人ずつ候補者を擁立していたとします。そうすると、国民は3つの政党が主張する政策を比べさえすれば、各候補者がどのような主張をしているのかがわかるようになります。

　これは候補者の側からしても自分の主張を理解してもらいやすくなるという利点があります。政党は様々な政策を一貫したイデオロギーの下で構築し、社会に伝達しています。候補者は政党に所属することにより、効率よく自身の政策を有権者に周知させることができます。

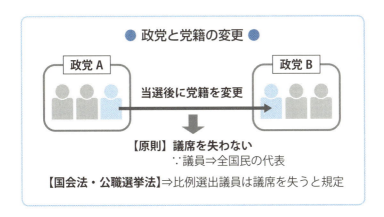

つまり、政党は国民の側だけでなく、候補者も含めた国政において、その存在に大きな意味があるといえます。

党籍変更の問題

政党に所属している議員は、政党を通じて効率よく政策を訴えることができます。つまり、政党の協力を通じて当選したものといえます。この議員が当選後に党籍を変更することは問題ないのでしょうか。

憲法43条1項は、両議院が全国民を代表する議員で構成されると規定しています。つまり、国会議員は政党の協力を得ていても、あくまで「全国民の代表」です。そのため、自らの政治思想により合致する政党があれば、国会議員は当選後でも所属政党を離れ、他の政党に入るのも許されると考えられます。

しかし、国会法や公職選挙法においては、比例選出議員が当選後に所属政党を変更した場合に、議員の地位を失うと規定しています。比例選出議員は政党への投票によって選出されているからです。

3 参政権

参政権とは

　参政権とは、国民が政治に参加する権利のことをいいます。参政権は国民主権を実現する上で重要な意味をもつ権利です。

　憲法15条1項は、「公務員を選定し、及びこれを罷免することは、国民固有の権利である」と規定しています。この規定は、すべての公務員について、国民の意思が直接または間接に反映された手続が定められている必要があるという趣旨と解されています。もっとも、「公務員」には、立法機関、行政機関、司法機関に勤める多数の人がいますが、これらすべての公務員を国民が直接に選定・罷免するというものではありません。

　憲法が定めている参政権としては、国会議員の選定（43条1項）、地方公共団体の長（都道府県知事・市町村長）や議員などの選定（93条2項）、地方自治特別法の住民投票（95条）、最高裁判所裁判官の国民審査（79条2項）、憲法改正の国民投票（96条1項）があります。

選挙権

　選挙権は、議員などを選挙する権利のことをいいます。日本国憲法は、国民主権を基本原理として、国民の代表者（議員）が政治を行う代表民主制（議会制民主主義）をとっています。

　多くの国民は、政治に参加する方法といわれた場合、選挙を思い浮かべるのではないでしょうか。「投票所に行って、自分の支持する候補者に1票を投じる」というのが、多くの国民にとって政治に参加する最も主要な方法でしょう。つまり、選挙

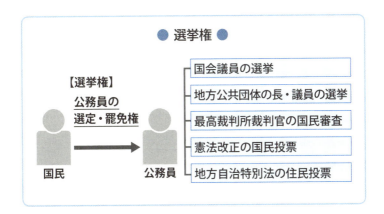

権は国民が政治に参加する機会を保障する基本的権利として、代表民主制の根幹をなすものといえます。したがって、選挙権はとても重要な権利であることがわかります。

選挙権は、個々人が自由に行使できるという権利ではありません。好きな時に好きなように選挙権を行使されると困ったことになります。つまり、公正な選挙を確保しながら選挙権の行使を認めるという目的が達成されなければなりません。

この目的を達成するため、選挙権の行使が制限されることがあります。公職選挙法によって選挙犯罪者の選挙権を制限しているのは、公正な選挙を趣旨としたものといえるでしょう。

被選挙権

被選挙権は、国民の国政への参加を保障する重要な権利で、選挙権の自由な行使と表裏の関係にあります。そのため、憲法15条1項により保障されると解されています。

被選挙権が選挙権と表裏の関係にあるということは、被選挙権についても公正な選挙の確保が要求されます。そこで、公職

選挙法によって、立候補をするには一定以上の年齢にあること
を要求し、一定の地位にある者の立候補を制限し、立候補の際
に高額の供託金を要求するなどしています。

選挙に関する原則

　ここまで、選挙の権利としての側面を見てきましたが、選挙
に関する制度は法律で定まっていなければなりません。つまり、
いつ、どこで、どのような方法により選挙権や被選挙権を行使
できるのかが法律で定まっていなければ、これらを行使するこ
とができません。法律で定まっていなければならないというこ
とは、その定めについて、立法機関に裁量があることを意味し
ています。しかし、その裁量はまったく自由なものではありま
せん。①普通選挙の原則、②平等選挙の原則、③秘密選挙の原
則、④直接選挙の原則、⑤自由選挙の原則、これらの原則によ
り枠づけられています。

①　普通選挙の原則は、財産・教育・性別などを選挙の要件と
　しないことを意味し、憲法15条3項により保障されています。

②　平等選挙の原則には、一人一票を投じることができるとい
　う原則と、その一票は平等の価値を有するという原則（投票
　価値の平等といいます）があります。

③　秘密選挙の原則は、誰に投票したかを秘密にする原則で、
　憲法15条4項により保障されています。

④　直接選挙の原則は、選挙人（投票をする人）が立候補者に
　直接投票して選出する原則で、憲法93条2項により地方公
　共団体の長・議員などについては明文で保障されています。

⑤　自由選挙の原則は、選挙を放棄しても制裁などを受けない
　ことや、自由な選挙運動を保障する原則です。

第3章 ■ 統治機構

選挙制度

　日本の国会には衆議院と参議院があり、選挙は衆議院議員選挙と参議院議員選挙があります。

① 衆議院議員選挙

　衆議院議員選挙は、小選挙区選挙と比例代表選挙が行われています。小選挙区選挙は、選挙区から1人の議員を選出する方式を採用しています。具体的には、全国を289の選挙区に分け、各選挙区において最も得票数の多い者が選出されます。

　一方、比例代表選挙は、政党名を記載させることによって、各政党の得票数について、その得票数に比例した議員を選出させる方式（拘束名簿式比例代表制といいます）を採用しています。衆議院議員選挙では、全国を11の選挙区に分け、選挙区ごとの得票に比例して各政党に選出議員の数を割り当てます。

　2018年2月現在、衆議院議員の定数は465人で、そのうち小選挙区選出議員が289人、比例代表選出議員が176人です。

② 参議院議員選挙

　参議院議員選挙は、選挙区選挙と比例代表選挙が行われています。選挙区選挙は、各都道府県を1つの選挙区として定数を割り当てます（2つの県を1つの選挙区とする「合区」が設定されている県もあります）。

　一方、比例代表選挙は、①選挙区が全国単位である、②投票方法については政党名か、候補者名を記載させる、③比例名簿については順位を決めず、候補者の個人名での得票数に応じて比例代表選挙での当選者を決める、という点で衆議院議員選挙の比例代表制と異なる特徴をもっています。この方式を非拘束名簿式比例代表制といいます。

121

4 選挙に関する問題点

議員定数不均衡の問題

　近年議員定数不均衡の問題がメディアなどで取り上げられています。これはどのような問題なのでしょうか。

　たとえばA選挙区の有権者が100人、B選挙区の有権者が50人であるとしましょう。そして、A選挙区とB選挙区からそれぞれ1人の議員が選出されると定めたとします。当選するのに過半数が必要と仮定すると、A選挙区では51票必要ですが、B選挙区では26票で足ります。このように見ると、A選挙区の有権者の選挙権は、B選挙区の有権者の選挙権の約半分の価値しかないように思われます。

　選挙における平等選挙の原則は、一人一票を要求するものです。しかし、形式的には一人一票が与えられていても、選挙の結果に対して、他の選挙区の「一票」と比べると「一票」の価値を有しない、つまり投票価値に不平等が起きています。これが議員定数不均衡の問題です。

　最高裁は、投票価値の平等は憲法の要求するところであると解しています。一人一票が形式的に保障されていても、その価値が0.5票分しかなければ、実質的に1票を有するとはいえないからです。では、少しでも投票価値の差（投票較差）が生じた場合には違憲となるのでしょうか。

　近年の最高裁は、衆議院議員選挙については、投票較差が1対2.192となった選挙を違憲状態（投票価値の不平等は生じているが選挙は有効とすること）としています。参議院議員選挙については、1対3.08を合憲とし、1対4.77を違憲状態とし

第3章 ■ 統治機構

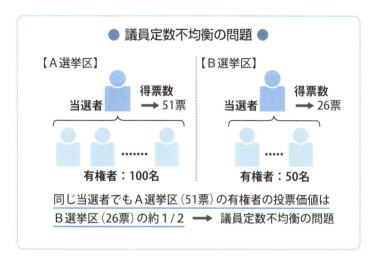

ています。つまり、必ず1対1にすべきとは考えていないといえます。この程度の差が許されるのはなぜでしょうか。

人は移動し、自ら好きな場所で生活ができます(居住移転の自由)。つまり、選挙ごとに選挙区の人口は変動しています。このような変動が常に起きている中、完全に投票価値の平等を実現する選挙制度を作ることは困難です。

また、投票価値の平等は、選挙制度のあり方に大きく影響されます。憲法47条は、選挙に関する事項は法律で定めることとしています。ここから、選挙制度の決定について国会に裁量が認められます。選挙制度は、国民性や政治の安定など様々な要素を考慮して決定しなければならないため、憲法は選挙制度の決定について国会に広い裁量を認めているといえます。

以上の事情をふまえて考えると、投票較差は、合理的な目的の下で整備された選挙制度の下で、合理的な範囲の差であれば許容されるものと解されます。

拡大連座制の問題

　連座制とは、罪を犯した本人だけでなく、一定の関係者にも制裁を及ぼす制度のことをいいます。日本においては、公職選挙法で、候補者の総括責任者が悪質な選挙犯罪を行い、有罪が確定した場合に、その候補者に対して制裁を及ぼす制度として規定されています。選挙の公正を確保するためには、選挙犯罪は撲滅しなければなりません。しかし、選挙犯罪者だけを処罰しても選挙腐敗の防止は困難であることから、連座制の規定が設けられました。

　連座制は、候補者に対する制裁として当選を無効とします。当選を無効とすると、候補者の被選挙権を制約するだけでなく、選挙犯罪者の影響に関係なく選挙人（投票者）の選挙権を制約することにもつながります。そこで、このような制約が合憲か問題となります。

　最高裁は、総括責任者のように選挙の中心となって活動する者の行為は、候補者の当選に相当な影響を与えるため、選挙人の自由な意思による投票の結果とはいえません。そのため、選挙の結果は公正な選挙の結果といえないと判断し、当選を無効とする規定を合憲と判断しました。

　拡大連座制は、従来の連座制が選挙運動の総括責任者などによる選挙犯罪の場合に、候補者にも当選無効などの制裁を及ぼすものであったのに対して、議員秘書や選挙運動管理者などまで連座制の対象範囲を広げたものです。これは、従来の連座制では、選挙腐敗の防止という目的が十分に達成できなかったため、その適用範囲を広げたものです。

　拡大連座制の対象範囲が広くなればなるほど、候補者との関連性は薄くなり、当選への影響力があいまいになります。そこ

で、拡大連座制が選挙権を侵害していないか問題となりました。

最高裁は、拡大連座制の選挙の公明、適正を厳粛に保持するという目的は合理的であり、この立法目的を達成するための手段として必要かつ合理的なものであるため、合憲であると判断しました。

選挙制度の問題点

選挙制度には多数の問題が存在しています。たとえば、衆議院議員選挙について、小選挙区制は二大政党制になりやすく、安定した政権運営を実現できますが、死票が多くなります。比例代表制は死票が少なくなり、国民の意思を政策に反映しやすくなりますが、多党制となり政権が不安定になります。

また、参議院議員選挙について、島根県と鳥取県など人口の少ない県では、両県を合わせて１つの選挙区とする「合区」の制度がとられています。今後、人口減少が進むと、合区が増えるおそれがあります。そうすると、参議院において地方の声が国政に届きにくくなります。

このように、選挙制度については、国民主権、代表のあり方、選挙に関する原則だけでなく、国民性や文化の違いなど、様々な点からその制度のあり方が問題視されています。

衆議院、参議院の選挙制度改革

選挙における問題を解消させるべく、選挙制度改革が行われています。最近では、衆議院議員選挙において、定数を10人削減し（465人となった）、国勢調査に基づき選挙区割りを変更する改正が行われました。また、参議院議員選挙については、合区の解消に向けた議論がなされています。

5 国会の地位

国会とは

　国会とは、国の議会のことをいいます。そして、議会が国家としての意思決定をする制度のことを議会制といいます。

　近代議会制はイギリスが母国であるといわれています。イギリスにおいて、当初、議会は国王の諮問機関でした。つまり、国王が政治を行うにおいて、有力者の意見を参考にするために存在していました。

　その後、議会は政治勢力の拡大にともない、国王と対立をしながら、国政についての意思決定権（課税同意権や立法権など）を獲得していきました。そして、普通選挙が普及していくと、議会が国民の代表機関として国政に関する意思決定をするようになりました。

　日本では、大日本帝国憲法下において、天皇が統治権の総覧者（全体を統括する者）でした。そして、議会は、天皇を輔弼する機関のひとつでしかありませんでした。しかし、日本国憲法において国民主権が採用され、国会は「全国民の代表」であり、立法権を担当する統治機関となりました。

　このように、国会のあり方は社会とともに変化し、現在のような形になったものといえます。

国会議員は誰のために行動すべきか

　国政の決定方式に関しては、国民が意思決定に直接関与する方法もあります。これを直接民主制といいます。憲法改正の国民投票（96条）や地方自治特別法の住民投票（95条）など、

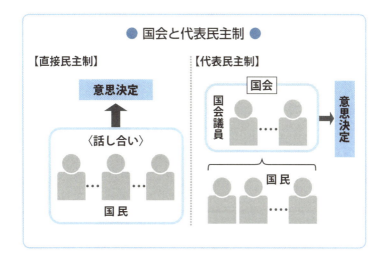

直接民主制を採用する規定もあります。しかし、国政全般について直接民主制を採用するのは実際不可能でしょう。

そこで、日本国憲法は代表民主制を採用しています。憲法前文の「権力は国民の代表者がこれを行使し」と規定しているのがその表れです。代表民主制は、国民が自ら代表者を選定し、その代表者が議会において議論し、国の政治について決定していくという制度を意味します。

国会の地位と役割

国会が重要な統治機関であることから、日本国憲法は、国会に3つの地位を与えました。

その1つが「国民の代表機関」という地位です。憲法43条は「両議院は、全国民を代表する選挙された議員でこれを組織する」と規定しています。

では、「全国民の代表」とはどのような意味なのでしょうか。

もともと国政の意思決定は国王が行い、国会は国王に助言をする程度の存在（諮問機関）でしかありませんでした。この当時は身分制を採用する封建社会であり、国王は各身分の意見を聞くことが目的であったため、国会を構成する議員は各身分の代表者（有力者）でした。代表者は、その代表者を選出した身分団体の意見を忠実に国王に伝えないといけないため、身分団体の意思に拘束されていました（命令的委任）。

その後、国政の意思決定は国王ではなく国会がするべきものとなりました。そこで、国会を構成する議員は、全国民の代表であり、身分団体に拘束されず、自らの意思に従って発言ができると考えられるようになりました。そして、普通選挙が普及したことにより、代表者は、民意をできる限り反映した行動をとるべきだと考えられるようになりました。

以上の経緯より、国会議員は全国民の代表であり、命令的委任は禁止されますが、民意を反映すべきことが要請されます。

次に、「国権の最高機関」という地位です。憲法41条は国会が「国権の最高機関」と規定しています。

この「最高機関」とはどのような意味でしょうか。国家権力のトップに国会があり、国政全般を統括するという意味にも読めます。しかし、日本国憲法は国民主権を採用しているため、国家権力の最終決定権は国民にあります（権力的契機のことです）。そのため、国会が大日本帝国憲法下の天皇のように、国権の総覧者と解することはできません。

とはいっても、国会は国民から直接選出された国会議員で構成されています。そのため、民主的コントロールを最も強く受けている重要な機関です。また、歴史的に国会は政治行為全般に関与する機関でした。このような国会の重要性を強調するた

第3章 ■ 統治機構

め、憲法は国会を「最高機関」と称したのであって、「最高機関」に法的な意味はないと解されています。

唯一の立法機関とは

　憲法41条は国会が「唯一の立法機関」であることを規定しています。「立法」とは、不特定多数の人や事件・場合に適用される法規範（これを一般的・抽象的法規範といいます）を定立することをいいます。どのような立法がなされるかは国民の権利・自由に大きな影響を及ぼします。そして、国家の統治機関の中で、国会が最も民主的コントロールの強い機関であることから、憲法は国会を唯一の立法機関としました。

　ここで「唯一の立法機関」という文言から、2つの原則が導かれます。1つは国会単独立法の原則です。国会単独立法の原則は、衆議院と参議院（両議院）で法案が可決されれば、法律が成立することを意味しています。大日本帝国憲法下では、法律を成立させるには議会の可決だけでなく、天皇による裁可が必要でした。日本国憲法は、国会が唯一の立法機関であるとして、国会以外の機関は法律の制定手続に関与しないとしました。なお、地方自治特別法について住民の同意を必要とする規定（95条）のように、国会単独立法の原則の例外もあります。

　もう1つは国会中心立法の原則です。これは、立法をする権能を国会が独占することを意味します。大日本帝国憲法下では、天皇に立法権があり、議会は天皇を輔弼する機関でした。日本国憲法は、国会を唯一の立法機関として、国会だけが立法ができるとしました。なお、国会中心立法の原則には、議院規則制定権（58条2項）、最高裁判所の規則制定権（77条1項）、内閣の政令制定権（73条6号）などの例外があります。

129

6 二院制

国会の構成

　日本国憲法は、国会を衆議院と参議院の二院からなる機関としています。このように議会が2つの機関から構成される制度を二院制といいます。二院制を分類すると大きく3つに分けることができます。

　1つ目は、貴族院と庶民院から構成される貴族院型です。イギリスや大日本帝国憲法下における日本の国会が、貴族院型の制度をとっていました。

　2つ目は連邦型です。連邦型の国会は、上院と下院から構成され、上院は各州代表という性質をもち、下院は国民代表の性質をもちます。アメリカがこの制度をとっています。

　3つ目は民主的二院制型です。どちらの議院も国民代表の性質をもっています。日本はこの制度をとっています。

衆議院の方が力が強い

　日本国憲法は、議院の権能（行うことができる能力）や議決について、衆議院に優越的な地位を認めています。

　具体的には、内閣の不信任決議権（69条）、予算先議権（60条）は、衆議院だけの権能です。参議院は法的効力がない内閣の問責決議ができるにとどまります。また、法律案の議決（59条）、予算の議決（60条）、条約の承認（61条）、内閣総理大臣の指名（68条）は、衆議院の議決が優先されています。

　このように衆議院の優越が認められているのは、衆議院の方が民主的コントロールをより強く受けているからであるといわ

第3章 ■ 統治機構

● 二院制 ●

国 会

衆議院

衆議院だけの権能
・内閣の不信任決議権
・予算先議権
衆議院の議決の優越
・法律案の議決、予算の議決、条約の承認、内閣総理大臣の指名

参議院

「良識の府」として国会の議事を慎重・公平にさせる

衆議院解散中の緊急集会

れています。衆議院は解散制度があり、任期も参議院に比べて短くなっています。そのため、民主的コントロールがより強い衆議院に優越を認めたものと解されています。

┃参議院の存在意義

　参議院の存在意義としては、民意を多角的に国政に反映することができるということでしょう。参議院は、衆議院とは異なる選出方法や任期を採用することにより、異なる民意が反映された議員構成にすることができます。そうすれば、衆議院では考慮されなかった民意が国政に反映される可能性が出てきます。

　また、参議院が「良識の府」といわれることから、国会の議事を慎重かつ公平にさせる点に存在意義があるといえるでしょう。そして、憲法54条2項により、衆議院の解散中に参議院の緊急集会が認められており、これも参議院の存在意義のひとつといえます。

7 議員の権利、特権

不逮捕特権とは

　憲法 50 条は、「両議院の議員は、法律の定める場合を除いては、国会の会期中逮捕されず、会期前に逮捕された議員は、その議院の要求があれば、会期中これを釈放しなければならない」と規定しています。これが不逮捕特権の規定です。

　絶対主義体制などの時代は、国王が自由に国政を司るため、国王が気に食わない議員を不当に拘束することがなされてきました。そこで、議員の自由な政治活動を保障するため、不逮捕特権が規定されました。不逮捕特権があることにより、議員は不当な拘束から守られます。そのため、議員が議院において自由に発言や行動をとることができます。また、これは、議院自体の審議権を保障することにもつながります。不逮捕特権は、このような趣旨の下で規定されました。

　現代社会では、議員を不当に拘束することはあまり考えられないともいえます。しかし、内閣や議会多数派が議会少数派を排除したり、抑圧するため、不当に拘束するおそれはあります。そのため、不逮捕特権の存在意義はあるでしょう。

免責特権とは

　憲法 51 条は「両議院の議員は、議院で行った演説、討論又は評決について、院外で責任を問われない」と規定しています。これが免責特権の規定です。免責特権の規定は、議員の自由な職務の遂行を保障することを趣旨としています。

　ここで「責任を問われない」というのは、民事上や刑事上の

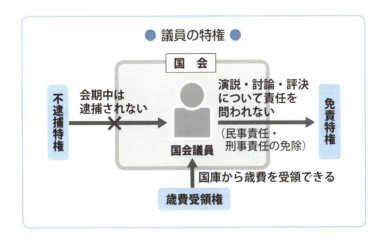

法的責任を問われないことを意味します。そのため、議員の発言により政党から懲罰を受けたり、国民から批判・非難を受けるといった政治的責任を否定する意味ではありません。

もっとも、議員の発言により個人のプライバシー権や名誉権などが侵害された場合のように、個人の権利と衝突することがあります。最高裁は、国会議員の発言により国に対する国家賠償請求がなされた事件において、国会議員の発言が違法となるには、国会議員が免責特権の趣旨に明らかに背いて発言をしたと認められる特段の事情が必要であると判断しています。

歳費受領権

憲法49条は、「両議院の議員は、法律の定めるところにより、国庫から相当額の歳費を受ける」と規定しています。これが歳費受領権です。議員として政治活動を行うには相当の金銭が必要となります。歳費受領権は、普通選挙が普及し、一般人でも国会議員として活動できるよう保障されたものです。

8 国会の会期

会期制と原則

　日本国憲法は常会など様々な会期を定めており、国会が会期制をとることを前提としています。会期制は、一定の期間を定めて、その期間内に国会が活動をすることをいいます。つまり、国会は会期中に限り活動するものといえます。

　国会法の規定によると、会期中に議決に至らなかった案件は、後会（次の国会の会期）に継続しないのが原則です。これを会期不継続の原則といいます。会期はそれぞれ独立していると考えられていることから、このような原則が採られました。

会期の種類

　まず、毎年1回召集する常会があります（52条）。国会法の規定に基づき、常会は毎年1月に召集されるのを常例とし、期間は150日間です。

　次に、臨時会があります（53条）。臨時会は内閣が召集を決定します。もっとも、衆議院または参議院の総議員の4分の1以上の要求があれば、内閣は臨時会を召集しなければなりません。会期の長さは、両議院の一致で定めます。

　そして、特別会があります（54条1項）。特別会は、衆議院の解散後、衆議院議員総選挙を行い、その選挙後に召集される会期のことです。特別会が召集されると内閣は総辞職するため、特別会の中で内閣総理大臣の指名が行われます。会期の長さは、臨時会と同じく両議院の一致で定めます。

第3章 ■ 統治機構

● 会期制と原則 ●

【国会の会期】

国会の会期
- 通常国会（常会）：年1回（150日間）
- 臨時国会（臨時会）：内閣が召集
- 特別国会（特別会）：衆院総選挙後に召集

◎原則：会期不継続の原則
（会期中に議決に至らなかった案件は、後会に継続しない）

会議の原則

憲法56条1項は、両議院の定足数を総議員の3分の1と規定しています。この総議員とは、法定の議員数のことを指します。そのため、欠員があっても、総議員としてカウントされます。定足数を欠いた状態での議決は無効になります。

憲法56条2項は、出席議員の過半数によって表決するという過半数議決の原則を規定しています。賛否が同数の場合は議長が決します。ただし、憲法改正の発議（96条1項）や議員の資格争訟の裁判（55条）などの例外があります。

憲法57条1項は、会議が公開されることを規定しています。正常な民主政の過程を保障するためには、会議の内容を国民が知ることができなければならないからです。

もっとも、会議がすべて公開されると、審議の内容によっては、議員が自分を選出した国民の目を気にして、自由な発言ができなくなることがあります。これでは命令委任の禁止が保障されませんので、出席議員の3分の2以上の賛成があれば、国民に公開しない秘密会を開くことが可能です。

135

9 国会の権能と法律が できるまで

国会の権能とは

　国会は、日本国憲法により立法権という重要な権能を担当させられた統治機関です。しかし、歴史的には、国家の政治行為全般について関与する機関でした。そのため、立法権以外にも様々な権能を有しています。立法権を担当するというのは、国会の重要な権能を表したものといます。

立法とは

　立法とは「法律」という名称の法規範を制定する意味が含まれています。では、法律という名称であれば、どんな内容の立法でもよいのでしょか。

　国家は法律により国民の行動を規律するため、法律は国民の権利義務に大きな影響を与えます。また、法律は社会のルールにもなりますから、法律の内容がすべての人に平等に定められている必要があります。そして、法律に基づく国家の行動が予測可能なものでなければなりません。

　以上から「立法」には、その内容として、不特定多数の人々に対して、不特定多数の事件や場合に適用される一般的・抽象的法規範を制定する意味も含まれると解されています。

法律はどのように作られているのか

　法律の制定は、まず法律案を国会に提出することから始まります。憲法 41 条が国会単独立法の原則を定めていることからすれば、国会議員が法律案の発議を行うことができることは疑

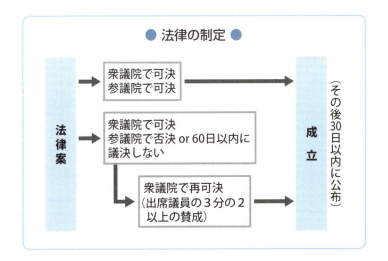

いがありません。しかし、議員が発議権を濫用し、細部にわたる多数の法律案を発議することを防止するため、国会法の規定により、発議に関して一定数の議員の賛成を必要とするしくみを設けています。具体的には、衆議院議員の場合は20名以上の賛成、参議院議員の場合には10名以上の賛成が、それぞれ発議をする際に必要であることが明記されています。

　もっとも、実際には、国会議員が発議する法律案よりも、内閣が提出（発議）する法律案の方が多いといわれています。内閣に法律案を提出する権限があることについては、特に法律上の根拠があるわけでなく、日本では慣例として内閣提出の法律案が多いという事情があります。内閣法にも、内閣に法律案の提出権があることを前提としている規定を置いています。

　そして、法律案が発議された場合、直ちに国会の本会議での審議・採決が行われるわけではありません。国会では法律案に限らず、議案が提出されると、その議題を管掌する委員会での

審議に回されることになっています。そこで、法律案においても、まず委員会での審議を経て、採決が行われた後に、本会議での審議・採決というプロセスを経ることになります。本会議で可決されると、法律案は法律として成立します。

　法律が成立すると、主任の国務大臣が署名を行い、それに続けて内閣総理大臣も署名を行います（連署）。そして、成立した法律は天皇により国民に示されます。つまり、天皇の国事行為として、内閣の助言と承認の下で、国民に対して法律の内容が示されます（7条1号）。これを公布といいます。

　ここで公布された法律は、法律の中で施行期日が示されている場合は、その期日に従い、施行期日が法律の中で示されていない場合は、公布から20日を経過したときに施行されます。

法律の成立・公布

　憲法59条によると、法律は衆議院と参議院で可決された時に成立します。ただし、衆議院で可決した後、参議院が否決した場合や、参議院が法律案を受け取ってから60日以内に議決しない場合は、衆議院の出席議員の3分の2以上の多数で再び可決すれば、参議院の可決がなくても法律が成立します。

　法律が成立した後30日以内に、上記のとおり天皇によって法律が公布され、一定の期日に施行されます。

その他の権能

　憲法が定める国会の立法以外の権能として、憲法改正の発議（96条1項）、条約承認権（73条3号、61条）、内閣総理大臣の指名権（67条）、弾劾裁判所の設置（64条）、財政監督権（83条）などがあります。これらは、権力分立に由来する権能が多

第3章 ■ 統治機構

くあり、他の機関に対する抑制と均衡の観点から認められる権能は特に重要です。ここでは、条約承認権、内閣総理大臣の指名権、そして、弾劾裁判所の設置について見ていきましょう。

・条約承認権

　条約の締結を行うのは内閣です。しかし、条約を締結するに際して、内閣は事前または事後に国会の承認を受けなければなりません。条約は国家間の取り決めですが、民主主義の観点から、国民がチェックする機会が与えられなければならないため、国民の代表機関である国会の承認を受けるしくみが採用されています。

・内閣総理大臣の指名権

　内閣総理大臣の指名を国会が行うことができるのは、わが国が議院内閣制を採用していることに基づきます。もっとも、指名は国会が行いますが（67条1項）、任命を行うのは天皇である（6条1項）ことに注意しなければなりません。

・弾劾裁判所の設置権

　両議院の議員各7名（合計14名）で構成される弾劾裁判所を設置して、裁判官の罷免の是非を決定することになります。もっとも、両議院の議員各10名（合計20名）で構成される裁判官訴追委員会が訴追した場合でなければなりません。

　裁判官は司法権の独立により、手厚く身分が保障されていますが、他の機関が働きかけを一切行えないというのでは、司法権に過度の権力を認めることにつながります。そこで、身分が保障された裁判官の罷免の是非について、国民の代表機関である国会が判断するしくみが採られています。そして、罷免の裁判が宣告されることで、実際にその裁判官は罷免されます。

10 議院の権能

議院の権能とは

国会は衆議院と参議院の2つの議院から構成されています。そして、議院の権能については、両議院が関与して行使すべき権能があります。たとえば、法律案の議決や予算の議決は、両議院が関与する形で行われるため、両議院が関与して行使すべき権能だといえるでしょう。このような議院の権能を「国会」の権能と分類することがあります。

これに対し、議院の権能については、各議院が他の議院の関与を受けず、独自に行使することができる権能があります。たとえば、所属議員の懲罰（58条2項）は、各議院が独自の判断の下で行うもので、他の議院の関与は受けません。

このような議院の権能を適切に行使するため、憲法が認めている権能として、国政調査権と自律権があります。

自律権の内容

自律権は、各議院が独立した地位をもち、独自に行動するために認められる権能を総称したものです。たとえば、衆議院が内閣や裁判所から独立しているだけでなく、参議院からも独立して独自に行動することができるということを意味します。

自律権には、その内容から3種類に分類されます。

まず第1が、組織自律権です。各議院の議長やその他の役員を独自に選任することができる役員選任権（58条1項）は、組織自律権のひとつです。また、議員の資格争訟の裁判は、その議員の所属する議院が行うことができます（55条）。これも

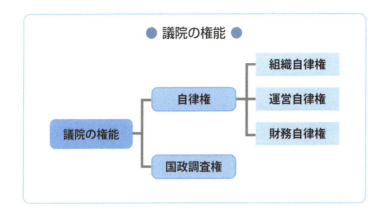

組織自律権に含まれます。

　第2が、運営自律権です。議院規則制定権（58条2項）は運営自律権に含まれます。議院規則制定権とは、各議院が、自らの議院のみの議決によって、会議などの手続や内部の規律に関して、独自のルールを制定できる権限のことです。また、議院内において秩序を乱した者を懲罰する権利（58条2項）も運営自律権に含まれます。

　第3が、財務自律権です。これは、議院の組織、運営の財務について、自律的に決定することができることを意味します。

国政調査権とは

　憲法62条は、「両議院は、各々国政に関する調査を行ひ、これに関して、証人の出頭及び証言並びに記録の提出を要求することができる」と規定しています。このような議院の権能を国政調査権といいます。

　たとえば、刑事に関する法改正をするものとします。この場合は、検察官や裁判官を議院に呼び出し、問題となっている法

について証言を求めたり、所持している記録の提出を求めたりして、法改正の議論を活発化させることができます。国政調査権はこのように用いられるものです。

　国政調査権について、憲法が国会を国権の最高機関であると規定し（41条）、国権を統括する機関であるから、国政調査権は国権を統括するために認められた権利であると解する見解があります。しかし「最高機関」というのは、国会の重要性を強調するために用いられたもので、法的な意味はありません。そのため、国政調査権に関しては、議院がその権能を有効適切に行使するための補助的権能であると解されています。

国政調査権の限界

　憲法62条を受けて制定された議院証言法の規定によると、証人は、「正当な理由」があれば国政調査を拒否することができます。この「正当な理由」には、議院において求められている証言をすることにより、公務員がその職務において知ることができた秘密を暴露する場合などがあります。

　このような議院証言法の規定以外にも、国勢調査権の行使については、一定の限界があると解されています。

① 調査目的と無関係の調査は許されない

　まず、国政調査権は、議院の権能を有効適切に行使するための補助的権能であることから、調査目的と関連性のない調査は許されません。たとえば、性犯罪法の改正を議論する参議院委員会があったとします。この委員会において国政調査権が行使されるとすれば、性犯罪法に関する情報を得ることを目的としなければなりません。そこに、環境省の役人を委員会に出頭させ、環境に関する証言を求めることは、調査目的と関連性がな

いため、このような国政調査権の行使は許されません。

② 国民の権利・自由を侵害する調査は許されない

次に、調査目的と関連性がある調査であっても、国民の権利・自由を侵害する調査は許されません。たとえば、前述の例において、性犯罪法改正に関する情報を得ることを目的に実際に性犯罪にあった人に出頭を求め、その者の心身状態に関する証言を求めたとします。これは証言者のプライバシー権を侵害するので、証言を強制するような調査は許されません。

③ 権力分立に反する調査は許されない

さらに、権力分立の原則に反する調査も許されません。司法との関係について、憲法は司法権が裁判所に属することを規定しているため、司法権に不当に干渉するような国政調査権の行使は許されません。たとえば、参議院の法務委員会において、特定の裁判所の判決に関する国政調査を行う際に、事実認定や量刑が妥当か不当かについて調査することは、司法権を侵害する国政調査権の行使といえます。そのため、このような国政調査権の行使は許されません。

また、行政との関係について、行政権を不当に侵害するような国政調査権は許されませんが、行政は国会による広範な監督に服するため、国政調査権も広範に及びます。ただし、検察権は準司法作用を有しているため、司法権と同様に慎重な考慮が必要になります。たとえば、ある事件において、検察官が不起訴相当と判断したとします。そして、参議院の法務委員会において、この事件を取り上げ、起訴するように圧力をかける国政調査権の行使は、検察権を不当に侵害するものといえます。そのため、このような国政調査権の行使は許されません。

11 行政権と内閣

行政権とは

憲法 65 条は「行政権は、内閣に属する」と規定しています。そこで、行政権にはどのようなものが含まれるのか、つまり行政権の定義が問題となります。

現在通説とされているのは控除説です。この見解は、行政権とは、国家作用から立法権と司法権を除いたすべての作用と定義します。国家作用のうち立法権と司法権はある程度具体的に定義できるのですが、行政権は範囲が広く、また曖昧であるため、このような消極的な定義がなされています。

もっとも、行政を国民に選出された国会議員により構成される内閣と、一般の公務員から構成される行政各部に区別し、行政権は高度の政治作用である執政のことをいうと定義する見解など、行政権の積極的定義を模索する見解も主張されています。

内閣とは

内閣は行政権を担当する合議制の機関のことで（65 条）、行政機関を指揮監督する行政権の最高機関です（72 条）。

しかし、内閣とは別に、法律により職権行使の独立性が認められた行政機関があります。このような行政機関を独立行政委員会といいます。たとえば、2011 年の東日本大震災における東京電力福島第一原子力発電所の事故を受け、設置された原子力規制委員会が独立行政委員会にあたります。そして、内閣から独立した独立行政委員会による行政権の行使は、行政権を内閣に帰属させる憲法 65 条に反しないかが問題となります。

144

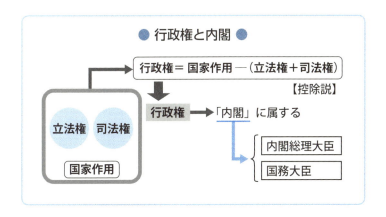

　日本は、議院内閣制を採用し、内閣総理大臣や過半数の国務大臣（各省の大臣など）を国会議員から選ぶことにしています（67条1項、68条1項）。そのため、国民による民主的コントロール（国民による国家機関に対するコントロール）は、国会を通じて内閣にも及んでいるといえます。憲法65条が内閣に行政権を帰属させた趣旨は、民主的コントロールを行政権にまで及ぼすことにあるといえます。

　そのため、内閣から独立した機関が行政権を行使していても、何らかの形で国民による民主的コントロールが及んでいるのであれば、憲法65条に反しないといえます。このような解釈に基づき、独立行政委員会は合憲であると考えられています。

内閣の組織

　内閣は、首長たる内閣総理大臣とその他の国務大臣で組織されています（66条1項）。内閣総理大臣は国会議員の中から指名されます。内閣総理大臣の指名は、国会の議決によってなされるとともに、衆議院の優越が認められています（67条）。

内閣総理大臣の権能としては、国務大臣の任命や罷免をする権能があります（68条）。また、内閣を代表して、議案を国会に提出したり、行政各部を指揮監督する権能もあります（72条）。さらに、国務大臣の訴追同意権（75条）をもっています。

　内閣法の規定によると、内閣総理大臣の指揮監督権について、閣議にかけて決定した方針に基づいて行うことを要求しています。そして、慣行上、閣議は全員一致によって行います。もっとも、最高裁は、流動的で多様な行政需要に遅滞なく対応するため、内閣総理大臣は、内閣の明示の意思に反しない限り、行政各部（行政機関）に対し、その所掌事務について指揮監督する権限をもっていると解しています。

　また、国務大臣は内閣総理大臣によって任命されます。そして、国務大臣の過半数は国会議員でなければなりません（68条1項）。これは、議院内閣制を徹底することを趣旨とします。そのため、国会議員が過半数を下回った場合、その内閣は存続することができなくなります。

　憲法66条2項は、内閣総理大臣および国務大臣が文民でなければならないと規定しています。これは、シビリアン・コントロールを保障する趣旨で規定されました。そのため、「文民」とは、職業軍人の経験のない者（現在では職業自衛官の経験のない者）を指すと解されています。

内閣の責任

　憲法66条3項は、内閣は行政権の行使について、国会に対して連帯責任を負うことを規定しています。この責任は政治責任といわれます。そこで、内閣に対する問責（責任を追及すること）の方法として、国会は、内閣に行政権の行使についての

質問をし、内閣に説明をさせることができます。

また、内閣に対する問責の方法として、衆議院による内閣不信任決議があります。内閣不信任決議がなされると、内閣は10日以内に衆議院を解散しない限り、総辞職をしなければならなくなります（69条）。

行政権をめぐる問題

日本国憲法は権力分立の原則を採用し、立法権は国会（41条）、行政権は内閣（65条）、司法権は裁判所（76条）が担当すると規定しています。

近代国家は当初、国家は最小限の秩序維持のため、社会に介入すべきだとする消極国家が要請されました。しかし、貧富の差が拡大すると、国家が積極的に社会経済領域に介入する積極国家（福祉国家）が要請されるようになりました。積極国家が要請されると、法律を執行する行政権の役割が増大し、社会において重要なものとなります。

行政権の役割が肥大化すると、行政権による立法が増大するといわれます。実際、重要法案のほとんどは内閣提出によるものだといわれています。また、行政権が機動的に社会に介入できるようにするため、裁量が広範に認められた法律の規定が望まれます。行政権が自ら法案を提出できるので、行政権による裁量が広範に認められた法律が制定されやすくなります。

現在では、行政権の肥大化が進みすぎ、行政権に対する民主的コントロールが及びにくいことが問題です。そこで、法律による行政を徹底することや、裁判所が違憲審査権により行政権をチェックすることが必要となっています。

147

12 議院内閣制

立法府と行政府の関係は

立法府と行政府の関係は、大統領制、議会統治制、議院内閣制の3つに分類されます。

大統領制をとっている国として有名なのはアメリカです。特徴としては、行政権の長に大統領が置かれます。この大統領は国民によって選出されます（アメリカの大統領は間接選挙です）。そして、立法府である議会と大統領は厳格に分離されます。つまり、議会が大統領により解散されることはなく、また、大統領が議会に対して責任を負うこともありません。

議会統治制をとっている国として有名なのはスイスです。特徴としては、行政府である内閣は議会に完全に従属しています。つまり、内閣は議会の一委員会と位置付けられています。そして、内閣は議会を解散することもできません。

そして、日本国憲法は、議院内閣制をとっていると考えられています。議院内閣制が大統領制や議会統治制とどのような点で異なる制度であるかは、従来から議論があります。これが「議院内閣制の本質とは何か」という問題です。

議院内閣制の本質は、議会と内閣が分離している点と、内閣が議会に対して連帯責任を負う点にあるとする見解が主張されています（責任本質説と呼ばれています）。一方、これら2点に加えて、内閣による議会の解散権も議院内閣制の本質に含むべきであると主張する見解もあります（均衡本質説と呼ばれています）。

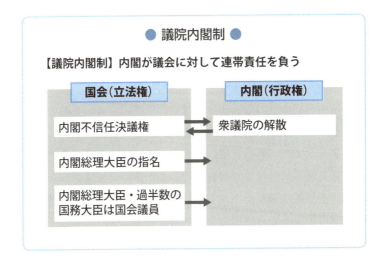

憲法上どのように定められているのか

憲法上は、内閣の国会に対する連帯責任（66条3項）、国会による内閣総理大臣の指名（67条1項）、国会による内閣不信任決議や衆議院の解散（69条）などが、議院内閣制の根拠となる規定だといえるでしょう。

首相公選論との関係

首相公選論とは、首相を国民が直接選挙によって選出すべきとする主張です。日本国憲法は、首相たる内閣総理大臣を国会の指名で選出すると規定しているため（67条1項）、首相公選制を採用するためには憲法改正が必要といえるでしょう。

首相に対しては、現行憲法の間接的な民主的コントロールではなく、国民による直接の民主的コントロールを及ぼすべきとする見解があります。この見解により、首相公選論が主張されています。

13 衆議院の解散

内閣の不信任決議と解散

　議院内閣制の下での内閣は、議会の信任により成立しています。不信任決議は、議会が内閣を信任しない旨の決議のことをいいます。また、解散とは、すべての議員について、任期満了前に議員としての身分を喪失させることをいいます。衆議院で内閣の不信任決議がなされると、内閣は自ら総辞職するか、衆議院を解散するかを選択しなければならなくなります（69条）。

　解散の制度は、当初、君主の意に沿わない議会に対する制裁として、また服従させるための攻撃手段として用いられていました。しかし、現在では、政府が議会を抑制する機能や、議会を通じて新たな民意を政府に反映させる機能をもっています。また、政治の重要事項について国民の意見を問うレファンダムという制度の代用としての機能もあります。

　では、衆議院の解散の実質的決定権はどこにあるのでしょうか。憲法7条3号は衆議院の解散を天皇の国事行為と定めています。しかし、天皇は国政に関する権能をもたないことから（4条1項）、天皇に実質的決定権があると解することはできません。また、憲法69条も解散の実質的決定権の所在を規定していません。そのため、解散権の実質的決定権の所在が問題となります。その根拠については争いがあるものの、ほとんどの説は内閣に実質的決定権があると解しています。

解散権を行使できる場合

　どのような場合に衆議院の解散ができるかについては、解散

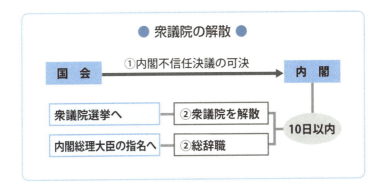

権の根拠と連動した争いがあります。

憲法69条を解散権の根拠とする学説は、憲法69条の場合のみ解散ができると解していますが、他の学説は、解散ができるのは憲法69条の場合に限定されないと解しています。

そして、憲法69条に限定しない場合の解散権の根拠については、いくつかの見解があるものの、現在は憲法7条3号を根拠として衆議院を解散するのが通例です。

憲法7条3号は、天皇の国事行為として衆議院の解散を挙げています。しかし、天皇が衆議院を解散する場合には、必ず内閣の助言と承認が必要ですので、実質的には内閣に衆議院の解散権があると考えるのです。

このように、解散できる場合が憲法69条に限定されないと考えるとき、解散権に限界がないかが問題となります。

学説の中には、解散権は、①衆議院で内閣の重要案件が否決された場合、②内閣の基本的な性格が変わった場合、③総選挙の争点でなかった新しい重大な政治的課題が生じた場合、④内閣が基本政策を根本的に変更する場合、⑤議員の任期満了時期が接近している場合などに限られる、とする考え方があります。

14 司法権

司法とは

　近代国家は、国民を身分などによって差別することなく、自由で平等な存在として扱います。そのため、近代国家における法は、身分などに関係なく適用され、国民の行動を規律する規範として、予測可能性を有するものでなければなりません。

　そのためには、裁判所が、適正手続の要請に従い、法を正しく解釈・適用して、裁判（当事者に対して一定の判断を示すことだと考えてよいでしょう）をすることが必要です。このような裁判と裁判所のあり方を司法といいます。

司法権とは

　司法権とは、具体的な争訟について、法を適用し、宣言することによって、これを裁定する国家の作用をいいます。たとえば、ＡさんとＢさんの間で土地の売買契約が成立したかどうか争いがある場合に、裁判所が、民法96条1項を適用し、ＢさんがＡさんをおどしたため、売買契約は成立しない（強迫を理由に売買契約の取消しを認めるべきである）と宣言し、ＡさんとＢさんの間の紛争を解決させることをいいます。

　ここで具体的な争訟とは、裁判所法3条1項の「法律上の争訟」と同じ意味であると解されています。そして、最高裁は、法律上の争訟を、「当事者間の具体的な権利義務ないし法律関係の存否に関する紛争であって、かつ、それが法令の適用により終局的に解決することができるものに限る」としています。

152

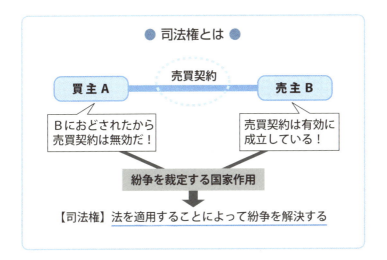

司法権における重要な原則

　司法権における重要な原則として、法による裁判が挙げられます。これは、法の支配が司法権にも及んでいることを意味します。

　また、司法権の独立も重要な原則といえます。司法権の重要な職責は、立法権・行政権から国民の権利・自由を守ることです。その職責を果たすため、憲法76条3項は裁判所を構成する裁判官の独立を保障しています。また、憲法78条が定める裁判官の身分保障も、裁判官の独立を保障する上で重要です。

　そして、憲法82条1項が裁判の公開を保障しています。この規定は、裁判の公正と国民の裁判への信頼を確保することを趣旨としています。もっとも、裁判の手続では個人情報も公開されるため、裁判の公開の保障とプライバシー権の保護との均衡をどのように図るかが問題となります。

15 裁判所

裁判所の分類と構成

日本国憲法は、裁判所の分類として、最高裁判所と下級裁判所を認めています（76条1項）。そして、裁判所法は、下級裁判所について、高等裁判所、地方裁判所、家庭裁判所、簡易裁判所の4つに分類しています。

なお、大日本帝国憲法の下で認められていた軍法会議などの特別裁判所の設置は、明文で禁止されています（76条2項）。しかし、通常の裁判所による判断を受ける途が確保されていれば、裁判所以外の機関が、裁判所に先行して、争いについて審理・判断を行うことは可能です。たとえば、行政庁（大臣・知事・市町村長など）が行う審査請求の審査などは、特別裁判所を禁止する憲法の規定に違反しているわけではありません。

裁判所法の規定によると、最高裁判所は、1人の最高裁判所長官と14人の最高裁判所判事で構成されています。最高裁判所の審理や裁判は、大法廷・小法廷のどちらかで行います。大法廷は15人の裁判官全員で構成され、小法廷は5人の裁判官で構成されます。たとえば、法令の憲法適合性について判断が必要となるときや、判例変更をするときは、大法廷において審理や裁判をすることが必要です。

三審制

三審制とは、裁判について3つの審級を設けている制度のことをいいます。事件の性質や第一審がどこに係属するかで異なってきますが、代表的なものとして、民事事件における審級

154

第3章 統治機構

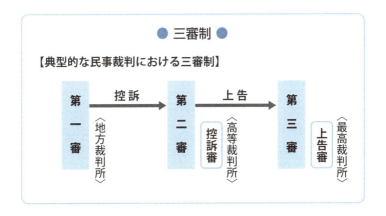

を一つ紹介します。まず、第一審の地方裁判所に事件が係属し、地方裁判所が判決をします。その判決に不服があると控訴がなされ、第二審の高等裁判所に事件が係属し、高等裁判所が判決をします。その判決にも不服があると上告がなされ、最高裁判所に事件が上がっていきます。これが三審制の構図です。

最高裁判所裁判官の国民審査とは

　憲法79条2項は国民審査について規定しています。国民審査とは、最高裁判所の裁判官について、任命後はじめて、そして、その後10年ごとに実施される衆議院議員選挙に際して、国民の審査によって裁判官が罷免される制度をいいます。つまり国民が、裁判官の任命について、適切であるか否かを事後的に承認するしくみです。

　投票用紙に裁判官の氏名が記載されており、有権者が不適当であると考える裁判官について、投票用紙に「×印」をつけます。そして、投票者の過半数が不適当である（×印）と判断した裁判官については、罷免されることになります。

16 司法権の限界

なぜ司法権に限界があるのか

　国民の権利・自由は、どのように保障されるべきでしょうか。日本の国政は、国民が選出した国会により決定され、内閣を中心とする行政機関がそれを執行していきます。国民の権利・自由は本来この過程により保障されるべきでしょう。

　しかし、社会には様々な利害があり、それが議会に反映されます。そうすると、国民の権利・自由が十分に保障されないことも生じます。特にマイノリティの立場にある人たちの意見は国政に反映されづらく、侵害されやすいものとなります。

　このとき、議会多数派の決定に反してでも国民の権利・自由を保障する機関が必要です。それが、司法権の属する裁判所です。そのため、司法権は国民の権利・自由を確保するために重要な統治機関であり、立法・行政を抑制する上でも重要なものといえます。

　もっとも、司法権は国民の権利義務関係を確定する権力を有しています。私たちの社会は自らの意思によって形成されるべきですから、裁判所が国民の権利・自由を確保する機関だとしても、過度に介入すべきではありません。

　また、裁判所は法律を解釈・適用する機関です。権力分立の要請から、立法・行政の権力を過度に侵害する司法権の行使は控えるべきともいえるでしょう。

　以上の司法権の性格から、司法権に対しては内在的・外在的な制約があると考えられています。内在・外在とは、他からの影響を受けるか否かによる分類です。

第3章 統治機構

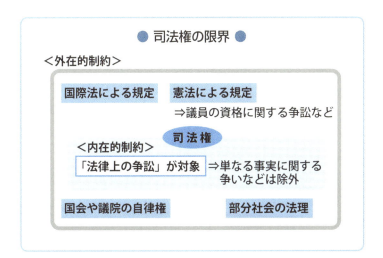

裁判所が判断できないものとは

司法権の内在的制約とは、「法律上の争訟」に該当せず、元々、司法権の範囲から外れるものです。たとえば、法律が違憲であるとだけ主張することや、どの学説が正しいかを争うことは、法律上の争訟にあたらないと解されています。

次は、司法権の外在的制約についてです。外在的制約とは、法律上の争訟に該当するにもかかわらず、他の理由から司法権が及ばないとするものです。司法権の限界ともいいます。

いくつか例を挙げてみましょう。まずは、憲法の規定による外在的制約です。議員の資格争訟の裁判（55条）、裁判官の弾劾裁判（64条）がこれにあたります。

次に、国際法の規定による外在的制約です。たとえば、日米地位協定により、米軍の隊員が公務執行中に行った罪について日本の裁判所の司法権が及ばないのはこれにあたります。

そして、部分社会の法理があります。この法理は、自律的な

法規範を持つ社会や団体の内部行為について、特段の事情がない限り、司法審査の対象としないとするものです。地方議会、大学、政党、宗教団体などが「部分社会」にあたると考えられています。しかし、部分社会の法理は、批判されている点があります。それは、団体や社会には様々なものがあり、これが自律的な法規範をもっているという一点をもって、一律に司法審査が及ばないとするのは妥当でないという批判です。

たとえば、政党と宗教団体は、それぞれ自律的な法規範を有する団体です。しかし、性格はまったく異なる団体であり、司法権を及ぼすべきか否かについても、その団体の性質を考慮して判断すべきでしょう。また、団体の判断を尊重するということは、その団体内部において人権侵害がなされても、裁判所は保護しないことを意味します。これは、個人の尊厳を保障する裁判所の役割と整合しないといえるでしょう。

また、最高裁は、宗教団体内部の紛争について、形式的には法律上の争訟にあたっても、法解釈の前提として宗教上の教義に関する判断が必要となるのであれば、司法審査が及ばないとしています（これは内在的制約と考えることもできます）。

国会や議院の自律権について

国会や議院の自律権に関する事項について司法権が及ばないのも、司法権の外在的制約のひとつです。

警察法改正の手続が無効であると争われた事件において、最高裁は、両議院において議決を経て、適法な手続によって公布されている以上、裁判所は両議院の自主性を尊重すべきであり、有効無効を判断すべきでないとしました。

第3章 ■ 統治機構

統治行為とその限界

　統治行為とは、国家統治の基本に関する高度に政治性の有する行為のことをいいます。統治行為の是非は、国民に対して政治的責任を負う内閣や国会が判断すべきであって、民主的コントロールの弱い裁判所は判断すべきでないことを理由に、統治行為について司法権が及ばないと考えられてきました。もっとも、統治行為という曖昧な概念で司法権が及ばないとすることは妥当ではありません。慎重な運用が望まれるでしょう。

　実際に裁判で争われた事件を見てみましょう。まず、日米安全保障条約の合憲性が争われた砂川事件です。最高裁は、①日米安全保障条約は、主権国としてわが国の存立の基礎に極めて重大な関係を持つ高度の政治性を有するものであって、その内容が違憲か否かの判断は司法裁判所には原則としてなじまないとした上で、②一見極めて明白に違憲無効であると認められない限りは、裁判所の司法審査権の範囲外のものであると判断しました。①の部分では、統治行為を認めるような判断をしています。しかし、②の部分では、裁判所が一見極めて明白に違憲無効か否かを判断できるとしていることから、純粋な統治行為論をとったものではないといわれています。

　次に、衆議院の解散の合憲性が争われた苫米地事件です。最高裁は、直接国家統治の基本に関する高度に政治性のある国家行為は、それが法律上の争訟となっても、裁判所の審査権の外にあり、その判断は政府・国会、最終的には国民の政治判断に委ねられているとしました。これも統治行為論をとったと解されています。しかし、砂川事件では一見極めて明白に違憲無効か否かを判断できる余地を認めたのに対して、苫米地事件ではこの点を何ら判断していないという違いが見られます。

159

17 司法権の独立と裁判官

司法権の独立とは

権力分立は、立法・行政・司法の三権を、同じ機関に集中させないことを要求する原理です。この原理から、司法権が立法権・行政権から独立していなければならないことが導かれます。

司法府の独立

司法権が独立しているということは、司法権が属する裁判所（司法府）も独立していなければなりません。これを司法府の独立といいます。つまり、裁判所が国会や内閣から組織として独立していることを要請するものです。他の機関（国会や内閣など）が、具体的な事件における裁判について、有形・無形の圧力をかけることを許せば、裁判所に公正な裁判を期待することが困難になるため、司法府の独立を保障しています。

また、公平な裁判が行われ、国民の権利・自由を保障するためには、裁判所が独立しているだけでなく、個々の裁判官も独立している必要があります。裁判官の独立のため、憲法は職権行使の独立（76条3項）と身分保障（78条）を認めています。

裁判官の職権行使の独立

憲法76条3項は、「すべて裁判官は、その良心に従ひ独立してその職権を行ひ、この憲法及び法律にのみ拘束される」と規定しています。裁判官が外部の圧力や誘惑に屈せず、自己の内心の道徳観に従って判断することを保障したものです。ただし、あくまで裁判官としての判断を保障したものであるため、裁判

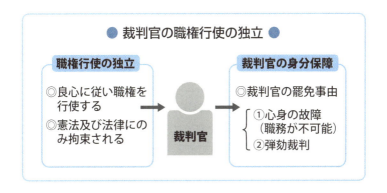

官の判断は、法秩序全体として整合的で、最も正当な政治道徳に従ったものといえなければなりません（客観的良心）。

裁判官の身分保障

憲法78条は裁判官の身分保障を規定しています。裁判官が独立して判断できるとしても、その判断の後、不当に罷免されたりすれば、裁判官の独立は絵に描いた餅となるからです。

裁判官が罷免されるのは、①裁判により心身の故障のために職務を執ることができないと決定された場合、②公の弾劾（国会が設置する弾劾裁判所による裁判）の2つの場合です。

憲法は「行政機関」による裁判官の懲戒を禁止しています。しかし、裁判所以外の機関からの圧力を排して、裁判官の身分を保障するため、立法機関による懲戒も原則として禁止すべきと解されています。

また、身分保障の一環として、憲法は裁判官が相当額の報酬を受けることができること、その報酬は減額できないことも規定しています（79条6項、80条2項）。この規定も裁判官の独立を保障するために重要な規定です。

18 違憲審査制

違憲審査権とは

　違憲審査権（違憲立法審査権）とは、法律やその執行などが憲法に適合するか審査する権利のことをいいます。憲法 81 条は、「最高裁判所は、一切の法律、命令、規則又は処分が憲法に適合するかしないかを決定する権限を有する終審裁判所である」と規定し、裁判所に違憲審査権があることを示しています。

　憲法が最高法規であるためには、憲法の改正手続が法律よりも厳しくなければなりません。それだけでなく、違憲審査権の行使により憲法に反する法律が否定されなければなりません。なぜなら、違憲審査権がなければ、憲法に反する法律を制定しても、その法律を外部から否定する手段がなければ、法律による実質的な憲法改正を許すことになってしまうからです。そのため、違憲審査権が認められる必要があるのです。

　違憲審査権が認められるとしても、どの機関が担当すべきでしょうか。本来であれば、国会が憲法適合性について判断すべきでしょう。それは、統治機関の中で最も民主的コントロールが強く働いているからです。しかし、国会が違憲審査をすることは困難であるといわれています。

　たとえば、社会的には少数派であるAという思想を有する人たちがいるとします。社会の多数派はAに偏見を持っているとします。このとき、Aを不当に侵害する法律を制定しても、国会は社会の多数派の意見を反映しており、Aに対する偏見も反映されています。このような状況では、なかなかAを不当に侵害する法律は排除されないでしょう。

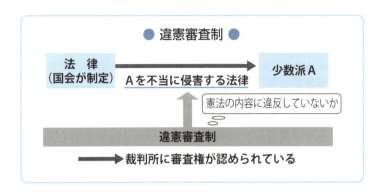

そこで、民主的コントロールが強く及んでいない機関に違憲審査権を担当させるべきです。日本では裁判所がその機関にあたります。つまり、裁判所に「国民の権利・自由を保障する最後の番人」として違憲審査権を担当させるのです。

このように、裁判所に違憲審査権を付与することで、個人の尊厳を保障し、多様な価値観が肯定される社会を形成することができると考えられています。

違憲審査権を行使してもよい場合とは

違憲審査権はいつでも行使できるのでしょうか。たとえば、国民の権利侵害が具体的には生じていないのですが、憲法に反すると思われる法律があるとしましょう。裁判所はその法律を違憲だと宣言できるのでしょうか。これはできないと考えられています。裁判所は司法権が属する機関で、司法権は具体的な事件（法律上の争訟）でなければ及びません。そして、違憲審査権は司法権の行使のひとつであるため、違憲審査権も具体的な事件でなければ及ばないのです（司法権の内在的制約）。

また、裁判所に係属した事件について、憲法問題が主張され

たとしましょう。この事件には、A論点により解決する筋道と、B論点により解決する筋道があり、B論点による解決を図ると憲法問題が生じるとします。この場合、裁判所はA論点により事件を解決すべきと解されています。ある法律を解釈する場合においても同様に、憲法問題を生じない解釈が存在するのであれば、その解釈をとるべきことになります。

さらに、事件に適用される法律が憲法問題を含むものであったとしても、C解釈をすれば合憲で、D解釈をすれば違憲である場合、裁判所はC解釈をすべきと解されています。

以上のいずれにもあたらず、違憲審査をしないと具体的事件を解決できない場合に限り、違憲審査権は行使されるべきです。

適用違憲と法令違憲

違憲審査権の方式には、適用違憲と法令違憲の2つがあります。裁判所は、違憲審査権を行使するときに、どちらの方式によるかも判断しなければなりません。

適用違憲は、具体的な事件に、その法律を適用することが憲法に違反するとして拒否する方法のことをいいます。

適用違憲が問題となる場合について、①法律の中に憲法上保障された行為を制約している部分がある場合と、②法律が憲法上保障された行為を制約していない場合に分類することができます。さらに、①について、憲法上保障された行為を制約している部分とそうでない部分が、ⓐ分離不可能な場合と、ⓑ分離可能な場合に分類できます。

①ⓐは、憲法上保障された行為をしても、法律が適用されて権利が制約されます。このような法律の適用を違憲として、権利を保障します。①ⓑは、法律を合憲的に解釈して適用するこ

164

とが可能です。そのため、憲法上保障された行為を制約する適用のみ違憲とします（合憲限定解釈といいます）。

一方、②は、法律そのものが合憲であるため、解釈を誤って適用がなされているといえます。そこで、解釈を誤った法律の適用を違憲とします。

これに対して、法令違憲とは、その法律が適用されるあらゆる場面に違憲となる場合をいいます。法律の中に憲法上保障された行為を制約する部分と制約しない部分があっても、法令違憲を用いることがあります。具体的には、法律が存在することにより憲法上保障された行為に委縮効果が生じ、憲法上保障された行為を自粛することになりかねない場合に、その委縮効果を取り除くため、法令違憲が用いられます。

違憲審査権は、具体的な事件の解決に必要な限りで用いることから、適用違憲を用いることが原則となります。一方、法令違憲については、法律の適用を超えて、法律それ自体を違憲とする特別な考慮が必要な場合に用いられます。

違憲判決の効力

違憲審査権は、具体的事件の解決に必要な限りで行使するため、適用違憲なのか法令違憲なのかを問わず、違憲と判断された判決の効力も具体的事件の当事者にのみ生じます。たとえば、法令違憲の判決は、法律の規定を事件の当事者には適用しないという効力を生じます。もっとも、最高裁判所がある法律の規定を違憲とすると、行政機関はその法律の規定を適用しようとしないでしょう。そうすると、特に法令違憲の判決は、その法律の規定を廃止させる実質的な効力を持つということもできます。

165

19 違憲判断

違憲判断とは

違憲審査制（違憲立法審査制）は、法律やその執行などに憲法違反があるか判断する制度です。裁判所は、具体的事件の解決を第一次的な目的としているため、それに付随して必要な限りで違憲審査を行います。

裁判所はなぜ違憲判断に消極的なのか

裁判所は国民に対して直接に責任を負うことはありません。国家権力の正当性の根拠が国民自身にあることから、裁判所が積極的に政治過程に介入するべきではないでしょう。また、裁判所が具体的事件の解決を第一次的な目的としていることも挙げられます。過度に違憲審査権を行使するのは、権力分立の原則に反することにもなります。

このような事情から、裁判所は違憲審査権を行使できるとしても、その行使は謙抑的であるべきでしょう。日本は違憲審査消極主義であり、違憲判断が少ないといわれます。

これに対して、裁判所が違憲審査に謙抑的であるべきだとする考え方に批判的な学説もあります。違憲審査制は、憲法秩序の崩壊を招く政治の活動を防止・是正する機能があります。基本的人権を侵害する法律を違憲無効とするのは、まさにこの機能が活かされる場合といえます。そこで、裁判所は、事件の重大性、制約されている権利の性質、違憲状態の程度などを総合的に考慮し、違憲審査権を行使すべきだと主張します。

なお、最高裁は、違憲審査消極主義であるか疑わしいところ

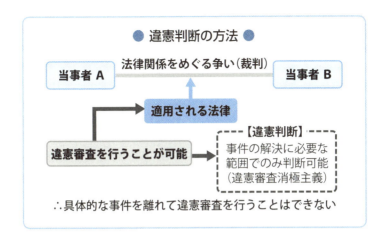

もあります。たとえば、朝日訴訟という裁判において、事件の解決に関係がないにもかかわらず、「なお、念のため」と憲法判断をしています。このように、事件に関係なく憲法判断をするか、関係はあっても必要な限りを超えて憲法に言及する場合もあります。違憲審査制のあり方は、これからさらに議論がなされるべきでしょう。

これまでの法令違憲判決

2018年2月現在、最高裁における法令違憲判決は10件あります。具体的には、尊属殺人重罰規定（旧刑法200条）、旧薬事法距離制限規定、衆議院議員定数配分規定（2件）、森林法共有林分割制限規定、郵便法免責規定、在外邦人選挙権制限規定、非嫡出子の国籍取得制限規定（国籍法3条1項）、非嫡出子の法定相続分規定（旧民法900条4号）、女性の再婚禁止期間規定（旧民法733条1項）です。

20 財政民主主義

財政民主主義とは

　財政は、国家の支出や収入をともなう経済活動をいいます。財政民主主義は、財政が国民の意思に基づくものであることを要求する原理です。憲法83条は、「国の財政を処理する権限は、国会の議決に基づいて、これを行使しなければならない」と規定しており、財政民主主義を示しています。

　課税のあり方は、立憲主義の発展と大きく関わっています。たとえば、アメリカの独立宣言は、イギリスが植民地であるアメリカに対して課税したのに対し、「代表なくして課税なし」と反対したことをきっかけとしてなされたものでした。また、フランス革命においても、特権身分に対する課税を反対したことがきっかけのひとつとなっています。このように、財政民主主義は、立憲主義の発展に大きく関わっています。

租税法律主義

　憲法84条は、「あらたに租税を課し、または現行の租税を変更するには、法律の定める条件によることを必要とする」と定めています。これを租税法律主義といいます。租税法律主義は、国民に対して義務を課したり、権利を制限するには、法律の根拠を要するという法原則（法律の留保といいます）を租税について厳格化した形で明文化したものです。

　ここにいう「租税」とは、国や地方公共団体が、課税権に基づき、その経費に充てるための資金を調達する目的で、特別の給付に対する反対給付としてでなく、一定の要件に該当するす

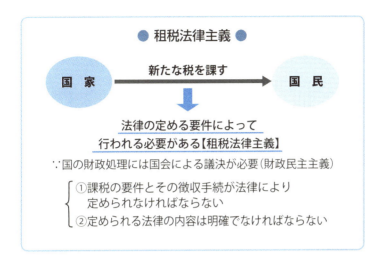

べての者に対して課する金銭給付を意味します。つまり、国や地方公共団体が提供するサービスを受けるために支払う手数料は「租税」にあたらないということです。たとえば、消費税は購入した商品の対価として支払うのではなく、消費したすべての者に対して課するものであるため、「租税」にあたります。

租税法律主義は2つのことを要請しています。1つ目は、課税するための要件とその賦課徴収の手続を法律で定めることです（課税要件法定主義）。たとえば、ある物品が課税の対象となるか法律で定めず、税務署の職員の都合で課税・非課税を決めていたら、困ったことになります。

2つ目は、定められる法律の内容が明確であることです（課税要件明確主義）。法律の内容が不明確で、税務署の職員の解釈で「あなたは課税対象です」などと決められるのも、同様に困ったことになります。これは国民の代表者でない職員が課税要件を決めている点で、課税への国民の監視が及んでいるとい

えません。課税への民主的コントロールを及ぼし、適正な課税を実現するため、2つの要請は重要なものといえるでしょう。

予算の法的性質

予算とは、一定期間の収入支出の見積もりのことをいいます。ここでは、国家の一定期間の歳出歳入の見積もりのことをいいます。予算は、内閣が作成し、国会に提出して、議決を経なければなりません（86条）。これはなぜでしょうか。

国家の歳入については、憲法84条が規定しています。一方、歳出については、憲法85条が「国費を支出し、又は国が債務を負担するには、国会の議決に基づかなければならない」と規定しています。つまり、憲法上、歳出も歳入も国会の議決が必要になります。しかし、特に歳出は、すべての支出についていちいち国会の議決を経るのは面倒すぎます。そこで、予算という形で一括して議決を経て、歳出や歳入をスムーズに決定しようという趣旨で憲法86条が規定されました。

予算の法的性質については争いがあります。予算は国会の議決を経なければならないことから、法的拘束力があると解されています。そこで、法的拘束力があるとするならば、予算は法律の一種なのでしょうか、それとも法律とは異なる独自の法形式をもつものなのでしょうか。

この問題は、法律は制定されたが、その法律を執行するための予算が議決されなかったなど、法律と予算の不一致が生じたときに問題になります。現在の多数説は、予算は法律とは異なる独自の法形式をもつと解しています（予算法形式説といいます）。なぜなら、予算は誠実に執行されなければならず、特に内閣を拘束しますが、法律とは異なり国民を拘束しないためです。

第3章 ■ 統治機構

国会による予算の修正

憲法 86 条は、予算は内閣が作成すると規定しています。国会が予算を修正したとすると、実質的に国会が予算を作成したともいうことができます。そこで、国会による予算の修正ができるかが問題となります。

憲法 86 条によると国会は予算案を「議決」できます。議決できるとは、否決できることも含んでいると解されます。全面否決できるのであれば、部分的に否決したり、修正することもできるでしょう。ただし、予算作成権者は内閣であるため、内閣の予算提出権を損なわせるような修正はできません。

決算とは

決算とは、一つの会計年度における国家の歳入歳出の実績を示したものです。決算については、会計検査院の検査を受けた上で、国会に提出しなければなりません（90 条）。

公金支出の禁止

憲法 89 条は公金支出の禁止を規定しています。前段の「宗教上の組織若しくは団体の使用、便益若しくは維持」の部分は、政教分離原則を財政面から規定したものと解されています。

後段の「公の支配に属しない慈善、教育若しくは博愛の事業」がどのような趣旨か争いがあります。これは、私学助成の合憲性などの問題で表面化します。つまり、私立学校が「公の支配」に属するのであれば助成は合憲、属しないのであれば助成は違憲となります。現在の多数説は、憲法 89 条後段の趣旨は公金の濫費防止にあるため、一定の監督が及んでいれば公の支配に属するといえるとして、私学助成を合憲と考えています。

171

21 地方自治

地方自治とは

　大日本帝国憲法には地方自治の規定がなく、その保障が十分ではありませんでした。そこで、日本国憲法においては、第8章で「地方自治」という制度を保障しています。

　では、地方自治という制度の核心は何でしょうか。憲法92条は「地方公共団体の組織及び運営に関する事項は、地方自治の本旨に基づいて、法律でこれを定める」と規定しています。つまり、地方自治という制度の核心は「地方自治の本旨」だといえます。ここで地方自治の本旨とは、住民自治と団体自治のことであるといわれています。そこで、住民自治と団体自治の内容について見ていきましょう。

住民自治と団体自治

　住民自治とは、地方自治が住民の意思に基づいて行われることを意味します。たとえば、その地方の特性に基づく事項について、そこの住民の請求により条例を制定することができるとするものです。

　団体自治とは、国から独立した団体に地方自治が委ねられ、その団体の意思と責任の下になされることをいいます。

　住民自治と団体自治については、最高裁も同様の解釈をしています。「住民の日常生活に密接な関連をもつ公共的事務は、その地方の住民の手でその住民の団体が主体となって処理する政治形態を保障せんとする趣旨に出たもの」として、地方自治の保障を解釈しています。

172

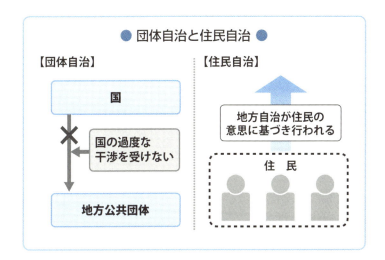

地方分権とは

　地方分権とは、国と地方公共団体との間における権限の移管・分配のことをいいます。かつては、国の事務を地方公共団体の長に委任する機関委任事務がありました。しかし、これは地方公共団体を国の下請けにするものとして批判されていました。そこで、2000年に機関委任事務を廃止し、自治事務と法定受託事務に再編することで、地方分権を進めました。

　もっとも、地方分権をすることには長所と短所があります。

　長所は地方公共団体独自の問題をその団体自身で解決することができ、地方公共団体間で競争が生まれることです。また、権力が分散されることは権力の抑制につながります。

　一方、短所としては、まず競争が起きるということから生じるデメリット（サービスの質の低下など）があります。また、地方公共団体間にまたがる問題は解決が困難です。さらに、人口の少ない地方公共団体においては、私的な利害に左右される

おそれがあります。

　以上のような長所と短所を考慮して、地方分権を考えていかなければなりません。

条例を制定できる

　憲法94条は、地方公共団体は条例を制定することができると規定しています。ここでの「条例」には、地方公共団体の長や各種委員会の制定する規則も含まれます。条例制定は地方公共団体の事務に関することに限られますが、法律の委任に関わりなく制定することができます。

　条例に関しては、法律との関係で問題が生じます。まず、憲法が法律で定めるとしている事項について、条例で定めることができるかが問題となります。たとえば、憲法29条2項は財産権の内容は法律で定めると規定していますが、条例で財産権の内容を定めることができるのでしょうか。

　この点について、条例は住民の代表である議会で議決されて制定されるもので、国会が制定する法律に準ずるものといえます。そのため、法律で定めるべき事項を条例で定めても違憲にならないと考えられています。

　また、憲法94条は「法律の範囲内」で条例を制定できると定めています。この規定は、条例が法律に反する場合に、法律が優先するとの趣旨です。それでは、条例が法律に反するか否かはどのように判断すべきなのでしょうか。

　最高裁は、条例と法律の関係について、それぞれの趣旨、目的、内容および効果を比較し、両者の間に矛盾抵触があるかどうかによって判断するとしました。つまり、単に文言を比較するだけでなく、法律が全国一律に規制する趣旨なのか、地方の

174

実情に応じた規制を施すことを許容するのかなど、実質的に判断すべきという立場を示したものです。

地方特別法の住民投票

憲法 95 条は「一の地方公共団体のみに適用される特別法」は、住民投票によらなければ、「国会は、これを制定することができない」と規定しています。ここで「一の」とは、特定のという意味です。つまり、A県でのみ適用される法律を国会が制定する場合、国会における法律制定の手続だけでなく、A県の住民による住民投票による同意が必要になるのです。

地方公共団体の機関

地方公共団体には、執行権の担い手である長（都道府県知事や市町村長など）と、議決機関の議会があります。そして、それぞれが住民に直接責任を負う二元代表制をとっています。

もっとも、地方自治法の規定によると、議会は長の不信任決議をすることができ、その場合に長は議会を解散することができます。その後、選挙で選出された議会により長に不信任決議が再びなされると、長は失職します。これは、地方公共団体に議院内閣制のようなしくみを導入したものといえます。

ところで、地方公共団体とは何でしょうか。通説によると、市町村・都道府県の二段階構造の制度のことを指すと考えられています。最高裁も、憲法上の地方公共団体を、事実上住民が経済的文化的に密接な共同生活を営み、共同体意識を持っているという社会基盤と、地方自治の基本的権能を付与された地域団体であるという要件を充たすものと考えています。

175

22 憲法保障

憲法保障とは

憲法保障とは、憲法を破壊する行動を事前に防止したり、事後に是正する制度のことをいいます。憲法は国の最高法規ですが、法律や命令などによって、時にはその最高法規性を脅かす事態が生じることがあります。そこで、憲法を守るために、憲法保障制度が必要になります。

憲法保障には、憲法に規定されているものと、憲法には規定されていないものがあります。

まず、憲法に規定されているものとして、憲法の最高法規性（98条1項）、公務員に課せられた憲法尊重擁護義務（99条）、権力分立の原理（41条、65条、76条）、硬性憲法（96条）などが挙げられます。

憲法上定められていないものもある

次に、憲法に規定されていないものとして、抵抗権があります。抵抗権とは、国家が個人の尊厳を侵害する場合で、合法的な救済手段が不可能であるとき、国民が自らの尊厳を確保するため、実定法上の義務を拒否する抵抗行為のことをいいます。

たとえば、「政治的表現は一切禁止する」という法律により刑罰をもって国民に強制していたとしましょう。違憲審査制など人権を保障する制度がないときに、抵抗権によって法律を拒否し、「政治的表現をする」というものです。

抵抗権は、近代市民革命においては、重要な意味がありました。しかし、近代憲法においては、人権保障や人権を保障する

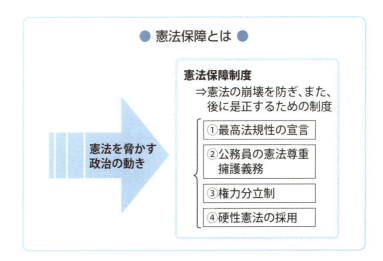

ための制度が整備されており、抵抗権を認める必要性は薄れつつあります。日本国憲法も人権保障が整備されているため、抵抗権を認める必要性は高くありませんが、国民は基本的人権を「不断の努力によって」保持しなくてはならない（12条）ため、抵抗権の理念を読み取ることはできます。

　他には、国家緊急権があります。これは、国家の存立を危ぶませる非常事態において、国家の存立を維持するため、国家権力が憲法秩序をいったん停止して、非常措置をとる権限をいいます。これは、国家の存立が維持されたときに、憲法を復活させるものであって、憲法保障のひとつといえます。しかし、憲法秩序を一時的にせよ停止することで、憲法秩序を破壊する危険をはらんでいます。なお、自民党の憲法改正草案98条、99条には、緊急事態条項に関する規定があります。これは、国家緊急権と同趣旨の規定です。国家緊急権が有する危険性を十分ふまえて、今後議論がなされるべきでしょう。

23 憲法改正

なぜ改正が議論されるのか

憲法96条は、憲法改正の要件について定めています。この憲法改正権はどのような法的性質を有するのでしょうか。

憲法は、国民によって制定されました。そして、国民が憲法を改正するという権限も、憲法制定時に制度として憲法典の中に書き込まれました。憲法改正権とは、このように制度化された憲法制定権のことをいいます。

では、憲法改正に限界はあるのでしょうか。憲法改正権が憲法制定権を制度として書き込んだ国民自身にある、つまり憲法制定権と同じ人に帰属することを重視して、憲法改正に限界はないとする見解もあります。

しかし、後述するように、憲法改正に限界があるとする見解が通説です。憲法は個人の尊厳を保障するために制定されました。つまり、憲法制定権は個人の尊厳に由来するといえます。そのため、憲法制定権をもってしても、個人の尊厳を否定する憲法を創設することは否定されます。そうすると、憲法制定権に由来する憲法改正権によっても、個人の尊厳の保障を否定するなどの改正はできないことになります。

憲法が改正しにくいのはなぜか

日本国憲法は硬性憲法といわれます。硬性憲法とは、改正手続が法律よりも厳格である憲法のことをいいます。硬性憲法としているのは、憲法の最高法規性を保障するためだといえます。

もっとも、憲法は、その時代の政治、社会、経済に適応して

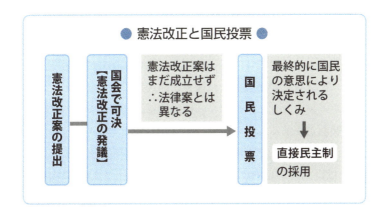

いなければなりません。政治、社会、経済は変化するものであり、これらにあわせて憲法も変化する可能性は認めなければなりません。もっとも、憲法はあくまで人権保障のため、国家を規律するものです。憲法が頻繁に変わるようでは困ります。そのため、憲法の安定性は重要だといえます。

直接民主制を採用している

　法律は国会議員が制定しています。国会議員は国民の選挙により選出するのですが、このしくみを間接民主制といいます。

　しかし、憲法96条は、憲法を改正するには、最後に国民投票によらなければならないとしています。憲法は国会議員をはじめとする国家権力を規律して、国民の権利・自由を保障するためにあります。そのため、最高法規である憲法が改正され、どのような規定になるか、それは直接国民によって承認されなければなりません。そこで、憲法は直接民主制の要素を取り入れているのです。

国民投票法の問題点

憲法96条は、憲法改正は、国民投票によらなければならないとしています。そして、2007年に国民投票法が制定されました。憲法改正が発議された場合、国民投票法に基づいて国民投票が実施されます。ただし、国民投票法に関しては、次のような問題点があるといわれています。

まず、投票期日に問題があります。国民投票法は、発議後60日以降180日以内において、国会の議決した期日に投票しなければなりません。つまり、憲法改正の発議がなされてから、最短2か月で投票しなければならないのです。憲法の改正という重要な問題について、このような短期間で改正内容を把握し、慎重に熟慮することは可能でしょうか。短すぎるとする意見もあります。

次に、過半数の意味についてです。国民投票法は、過半数とは「有効投票の2分の1を超えること」としています。また、国民投票が有効に成立するための最低投票率は定められていません。つまり、極端な話、有効投票が10票しかなく、そのうち6票が改憲に賛成であれば、憲法は有効に改正されます。

このように、国民投票法にも問題があり、憲法改正前に国民投票法についても議論が必要になるかもしれません。

どんな手続が必要なのか

日本国憲法の改正には、発案、発議、承認という手続を経る必要があります。

発案とは、国会において、憲法改正の議案を提出することをいいます。この発案は、国会議員であればできます。もっとも、国会法の規定により、発案に際しては、衆議院では議員100人

以上、参議院では議員50人以上の賛成を要します。内閣に発案権があるかが議論されますが、大臣の過半数は国会議員であるため（68条1項）、国会議員の地位で発案できます。

次に国会による発議がなされます。国会による発議は各議院の総議員の3分の2以上の賛成が必要です（96条1項）。国会による発議がなされると、国民投票が行われます。そして、国民の承認を経たときは、天皇が国民の名で、現在の憲法と一体を成すものとして、直ちに改正憲法を公布します（96条2項）。

憲法改正権と憲法制定権の所在

憲法96条により憲法改正権は国民に帰属しますが、憲法改正権はどこから発生したのでしょうか。冒頭で述べたように憲法制定権は個人の尊厳に由来するので、憲法を実定化する（条文の形にする）憲法制定権も国民にあるといえます。

もっとも、憲法制定権は、憲法が制定される前から存在する権利であるため、実定法上の権利ではありません。そこで、憲法を制定する際に、憲法制定権を国民主権という形で実定化しました。憲法前文1項の「主権が国民に存することを宣言し、この憲法を確定する」は、この趣旨を表すものです。

また、憲法改正が直接民主制を採用するのは国民主権の表れです。つまり、憲法制定権を実定化した国民主権から憲法改正権は派生したといえます。そこで、国民主権の改正は自殺行為にあたるため、憲法改正によっても国民主権は改正できないと解されています。また、憲法制定権は個人の尊厳を基本的な価値とするため、人権宣言の基本原則を変更するする改正はできないと解されています。そして、国民主権と人権保障と不可分に結びつく平和主義も改正できない原則だと解されています。

181

Column

道州制と憲法上の問題点

　憲法は地方自治の本旨として、国から独立した「地方公共団体」の存在を規定しています。しかし、「地方公共団体」にあたる機関について、憲法は何も規定していません。地方自治法の規定に従って、一般に地方公共団体といった場合には、都道府県と市町村を指すと考えられています。しかし、より地域の住民に沿った適切な政治を行うために、国の権限を委譲する地方分権改革の必要性が指摘されています。特に従来の都道府県を廃止して、より広域的な区域として道州制を採用するべきではないかという議論があります。

　そこで憲法論として、道州制が肯定されるのか否かについては、都道府県と市町村という二段階構造を、憲法が要求しているのか否かが問題になります。本文記載のように、地方自治の本旨には、団体自治と住民自治という考え方が含まれ、特に市町村を廃止することは、地方自治が地域住民の意思に基づくとする住民自治に反することになるため、少なくとも地方公共団体の全面廃止は認められません。その上で、①都道府県に代えて道州制を導入するという見解、②現在の都道府県を維持した上で、複数の都道府県が合併することによって道州制を採用するという見解などが主張されています。

　このように、道州制の導入は憲法が規定する地方自治の本旨に反するものではないという議論を前提に、最近では、青森県・秋田県・岩手県の3県の合併による北東北合併構想が提唱されるなど、複数の都道府県の合併により、より広域的な地方区分の下で、国の権限を委譲して、地域の自主的な意思決定を重視した制度作りの導入が検討されています。

第4章

憲法の歴史

1 憲法の歴史

なぜ憲法が生まれたのか

　日本において、最初に憲法と呼ばれるものは、604 年、聖徳太子が制定した十七条の憲法でしょう。十七条の憲法の内容は、官人の倫理や心得を示したようなものであったため、日本国憲法とは内容が異なります。

　憲法の原点といわれているのは、イギリスにおいて 1215 年に制定されたマグナ・カルタであったといわれています。マグナ・カルタは、「自由人は、彼の同輩による合法的な裁判または国法によらなければ、逮捕・監禁され自由を奪われることはない」という一節が有名です。このように、憲法は国王の恣意的な権力行使を制限しようとするものとして存在し、法の支配の要求を実現したものといわれています。

　マグナ・カルタが制定された当時のイギリスは君主制でした。マグナ・カルタが制定される前は、君主による勝手な課税などが行われていました。マグナ・カルタは、このような君主による行為を禁ずるために、議会が君主との間で交わした合意文書といわれています。

　以上から、憲法は国民の自由・権利を確保するため、主権者の統治権を制限するという思想から生まれてきたものだということができるでしょう。

人権思想の芽生え

　個人を尊重する考え方自体は、古代ギリシャにおいても存在していたといわれています。しかし、この頃は奴隷の存在を認

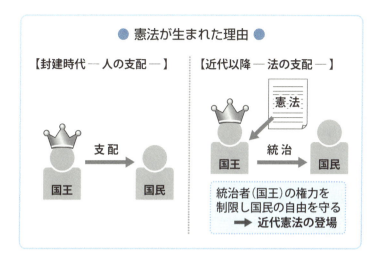

めており、人権思想として十分ではありませんでした。

その後、中世においても、キリスト教の思想をもとに、すべての個人の尊厳を尊重する思想が広まりました。しかし、この頃のキリスト教は封建社会と結びつき、個人の尊厳を封建的な身分制の枠内に押し込めるものとなってしまいました。つまり、個人の尊厳という思想は中世にも存在していたのですが、それが社会を動かすには近代まで待たなければならなかったのです。

ルネサンスがヨーロッパ各地に広がったのをきっかけに、人権尊重の思想が浸透していきました。その後、ルターやパスカルのような偉人たちが、個人の尊厳という思想を深めていきます。そして、啓蒙主義運動により社会に大きな影響を与えたのがホッブズ、ロック、ルソーが唱えた社会契約論でした。

社会契約論

社会契約論は、国家や社会の成立の根拠を個人の契約に求め

る思想です。人間は生まれながらにして自然権をもっており、国家が成立する前の状態を自然状態といいます。

社会契約論は、個人がお互いの権利・自由を守るために、自然状態から脱却すべく社会契約を結び、国家を形成したと説明しています。同じ社会契約論でもホッブズ、ロック、ルソーでその内容は異なります。

ホッブズは、自然状態においては、万人の万人に対する戦い（闘争）が生じるとしました。そこで、平和のために社会契約を結び、自然権を主権者に完全に譲渡します。そのため、ホッブズの社会契約論は絶対王政を擁護するものとなります。

これに対し、ロックは、理性によって自然状態でも比較的平和な状態が保たれているとしました。しかし、他人を侵害する者がいないわけではないため、社会契約を結び、主権者に自然権を信託するとしました。ロックは、主権は人民にあり、抵抗権や革命権は信託していないとしました。このロックの思想はアメリカ独立運動やフランス革命に大きな影響を与えました。

ルソーは、自然状態を理想的な、完全に自由で平和なものであるとしました。しかし、私有財産が認められることから不平等が生じます。そこで、各人が共通の利益をめざす共通の意思（一般意思といいます）に従うという社会契約を結び、国家を形成したと説明します。

近代憲法の成立

社会契約論は、当時の社会だけではなく、その後の社会の発展に大きな影響を及ぼしました。モンテスキューの権力分立にも大きな影響を与えたといわれています。

社会契約論の思想が広まり、個々人の人権思想が発達してい

きました。そして、凄惨な戦争や大航海時代を経て多様な価値観が発生したことで、個人の尊厳を尊重する国家のあり方が考えられるようになりました。つまり、近代立憲主義の思想が広まったのです。そして、近代立憲主義に基づく憲法が成立しました。これが近代憲法です。

現代憲法への発展

近代憲法は、個人の権利を国家権力から保障する側面が強いものでした。また、統治においても立法によって司法や行政を拘束する側面が強く、立法そのものを拘束する側面は弱いものでした。選挙制度も今のように平等なものでなく、納税額や性別により限定されたものでした。

現代になり、普通選挙が実現されるようになりました。それにともない、国家が様々な要求に応えることが要請され、社会主義思想も国家行為に反映されるようになりました。そのため、国家からの自由だけでなく、国家による自由も要請されるようになり、立法内容の平等性も要求されるようになりました。

戦後の新しい憲法

戦後の日本国憲法の最も大きな特徴は「平和主義」です。第2次世界大戦における凄惨な結果は、世界中の人の記憶に残りました。そして、人々は戦争の終結や平和を心から希求するようになりました。そこで、日本国憲法9条には、平和主義を実践する規定が設けられました。

また、憲法13条の幸福追求権を根拠として、プライバシー権などの「新しい人権」が主張されています。このような変化も戦後の憲法の特徴といえます。

2 大日本帝国憲法

どのようにして制定されたのか

　大日本帝国憲法は1889年に発布されました。大日本帝国憲法制定の裏側には、欧米列強諸国との不平等条約改正に向けた狙いがありました。つまり、憲法もないような国とは欧米列強諸国はろくに交渉すらしてくれなかったのです。

　起草に大きく関わった人物は初代内閣総理大臣である伊藤博文です。伊藤博文はヨーロッパに渡り、主としてドイツ憲法を学びました。その経験をもとに、大日本帝国憲法の草案を作成したといわれています。

どんな特徴をもっていたのか

　大日本帝国憲法下の国家体制は、典型的な神学的な構成であるといわれています。神学的な構成とは、国家を神の創設にかかるものととらえ、君主は神の意志に基づいていると理解するものです。歴史的に見れば、このような構成をとる国家は多く見られます。大日本帝国憲法下において、天皇の統治権の根拠は、天照大御神の神勅によるものと考えられていました。

　大日本帝国憲法下における日本は、この神勅を根拠に国家が形成されたとしました。そのため、統治は天皇の大権中心主義でした。また、統治権はすべて天皇に帰属するものと考えられていました。したがって、帝国議会、国務大臣、裁判所は、それぞれ天皇の統治権の各部分を輔弼するための機関でした。つまり、権力分立はなかったものといえます。

　もっとも、大日本帝国憲法においても民主的な要素も存在し

第4章 ■ 憲法の歴史

● 大日本帝国憲法の特徴 ●

大日本帝国憲法

〈反民主的な要素〉

天皇主権
➡ 天皇は
「統治権の総覧者」

神学的な要素が強い
➡ 天皇は神の子孫

〈民主的な要素〉

権利・自由を一定程度保障する
➡ 「法律の範囲内」という留保の存在

一応の権力分立制の採用
➡ 国務大臣は天皇の「輔弼機関」にすぎないなどの不十分な内容

ていました。たとえば、大日本帝国憲法にも人権保障の規定はありました。しかし、人権は天皇によって与えられたものであり、その保障内容は法律で定めるものとしていました。そのため、現在のような国家によっても制限できない人権の存在は、まず考慮されていませんでした。

　また、法律の制定には帝国議会の協賛と天皇の裁可が必要でした。帝国議会は貴族院と衆議院から構成されていました。衆議院議員は国民によって選出されていました。そのため、国民の意思が国政に反映される可能性はあったものといえます。

　大日本帝国憲法では、内閣の規定はありませんでした。しかし、天皇の勅令により内閣が設置され、政策担当機関となりました。この内閣をどのような政治勢力がコントロールするかが政治のあり方を左右しました。

3 憲法はどのように制定されたのか

戦後の日本国憲法はどのように制定されたのか

　1945年、日本はポツダム宣言を受諾し、第2次世界大戦に敗戦しました。そして、ダグラス・マッカーサー率いる連合国軍の占領下に置かれました。

　占領開始後、マッカーサーは日本に憲法改正の示唆を与えました。内閣はこれを受け、松本烝治国務大臣を長とする憲法問題調査委員会を設置し、憲法改正作業を行いました。この委員会での改正案は保守的なものでした。

　その後、松本委員会での改正案を毎日新聞がスクープするという事件が起きました。その新聞を通じて改正案を見たGHQは保守的な内容に驚き、自ら草案を作ることとしました。そのとき、マッカーサーが、①天皇が憲法に基づく存在とすること、②戦争放棄、③封建制度廃止の三原則を示しました。そして、この三原則をもとに草案が作成されました。

　マッカーサー草案の内容に日本政府は驚きましたが、これを受け入れ、日本国憲法を作成しました。

　日本国憲法は、大日本帝国憲法の改正手続に従って制定されました。しかし、主権が天皇から国民へと変わっており、改正の限界を超えているのではないかと問題になりました。

　この点について、憲法学者の宮沢俊義氏は八月革命説を提唱しました。ポツダム宣言は国民の意思に従った政府の樹立を要求しています。このポツダム宣言を受諾することで、主権が天皇から国民へ変わるという革命が起きたとします。そして、大日本帝国憲法は無効でなく、主権が変わったことに抵触しない

第4章 憲法の歴史

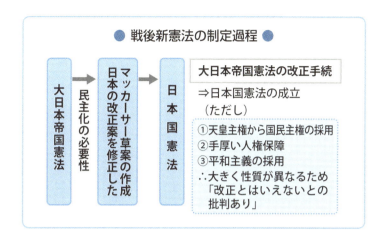

限りでその内容が変化したことから、大日本帝国憲法の改正手続で有効適切に憲法が改正されたと説明しています。

日本国憲法で何が変わったのか

日本国憲法によって、天皇主権から国民主権へ変わり、天皇は国民の象徴となりました（1条）。そして、個人の尊厳に基づく人権保障が認められました。特に信教の自由、学問の自由、人身の自由など、日本における歴史的反省から厚く保障されるようになりました。

また、平和主義に基づき憲法9条が制定されました。その中では戦争の放棄が規定されています。平和主義を謳い、戦争の放棄まで規定した日本国憲法は、世界的にも類を見ないものだといえるでしょう。

大日本帝国憲法においては、天皇が統治権の総覧者であったため、真正な権力分立はありませんでした。日本国憲法においては、議院内閣制の下での権力分立を確立させました。

ピンポイント憲法

2018 年 5 月 3 日　第 1 刷発行
2024 年 1 月 15 日　第 2 刷発行

編　者　　デイリー法学選書編修委員会
発行者　　株式会社　三省堂　代表者　瀧本多加志
印刷者　　三省堂印刷株式会社
発行所　　株式会社　三省堂
　　　　　〒 102-8371　東京都千代田区麴町五丁目 7 番地 2
　　　　　電話　(03) 3230-9411
　　　　　https://www.sanseido.co.jp/
〈ピンポイント憲法・192pp.〉

©Sanseido Co., Ltd. 2018　　　　　　　　　　Printed in Japan
落丁本・乱丁本はお取り替えいたします。
本書の内容に関するお問い合わせは、弊社ホームページの「お問い合わせ」
フォーム（https://www.sanseido.co.jp/support/）にて承ります。

本書を無断で複写複製することは、著作権法上の例外を除き、禁じられています。
また、本書を請負業者等の第三者に依頼してスキャン等によってデジタル化する
ことは、たとえ個人や家庭内での利用であっても一切認められておりません。

ISBN978-4-385-32022-9